글/그림 아무준수

ΛL 생능북스

IT세계의 괴물들

초판 1쇄 인쇄 2024년 1월 5일
초판 1쇄 발행 2024년 1월 10일

지은이 | 아무준수
펴낸이 | 김승기
펴낸곳 | ㈜생능출판사 / 주소 경기도 파주시 광인사길 143
브랜드 | 생능북스
출판사 등록일 | 2005년 1월 21일 / 신고번호 제406-2005-000002호
대표전화 | (031) 955-0761 / 팩스 (031) 955-0768
홈페이지 | www.booksr.co.kr

책임편집 | 최동진 / **편집** 신성민, 이종무 / **디자인** 이대범
영업 | 최복락, 김민수, 심수경, 차종필, 송성환, 최태웅, 김민정
마케팅 | 백수정, 명하나

ISBN 979-11-92932-36-1 13000
값 19,800원

프롤로그

AM 10:30

딥러닝 배치들
다 셋팅 했어요?

네, 이제
텐서플로 버전
찾아서 다시
설치하려고요.

근데 GPU가
좀 이상하네요?
드라이버를 다시
설치할까?

커피 한 잔
마시고 해

이 이야기는

인간들의 이야기가 아니다.

그들의 컴퓨터와 디지털 세상의 세포들인

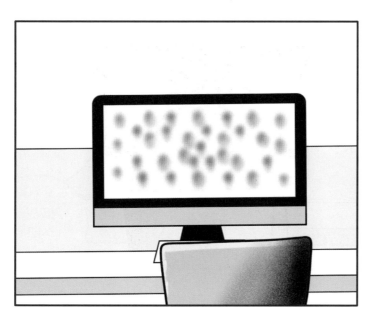

우리들의 이야기이자

인간들이 몰랐던

어떤 괴물의 이야기이다.

등장 캐릭터 소개

트랜지스터(쭈꾸미)

반도체를 구성하는 세포나 뉴런과 같은 존재로, 전기를 흐르거나 흐르지 않게 할 수 있다.

CPU

컴퓨터의 심장과 두뇌 역할을 수행하는 핵심 반도체

RAM

컴퓨터 전원이 켜져 있는 동안 메모리를 보관할 수 있는 반도체

GPU

병렬 계산이 가능해서 그래픽 작업과 딥러닝에 최적화된 특수한 반도체

OS

반도체와 소프트웨어의 중재 역할을 하는 시스템 소프트웨어

C

대표적인 프로그래밍 언어로, 직접 개발자가 메모리 관리를 해야 하는 정적 언어

Python

트렌디한 언어로 간결하고 쉬운 문법을 가지는 동적 언어

HTML

웹 페이지의 구조를 정의하는 마크업 언어

CSS

웹 페이지 디자인과 스타일을 꾸미는 스타일 시트 언어

JavaScript

웹 페이지 동작과 상호작용을 담당하는 웹 개발의 대표적인 프로그래밍 언어

Visual Basic

윈도우 기반 PC 어플리케이션 개발을 위한 언어. 최근에는 C#과 VB.NET로 대체되고 유지보수 외에는 거의 사용되고 있지 않다.

JAVA

대표적인 안드로이드 기반 모바일 어플리케이션 개발 언어

C#

윈도우 기반 PC 어플리케이션 개발을 위한 대표적인 언어

Swift

iOS 및 macOS 기반 어플리케이션 개발을 위한 대표적인 언어

Garbage Collector

프로그램에서 사용되지 않는 메모리 자원을 자동으로 회수하는 기능

C++

저수준 메모리 제어와 고수준 객체지향으로 프로그래밍을 모두 지원하는 범용 프로그래밍 언어

반도체

그 괴물은 수십 년 전 갑자기 이 세상에 나타났어.

전기를 부릴 수 있는 아주 무서운 괴물이지.

괴물은 3개의 다리를
가지고 있는데

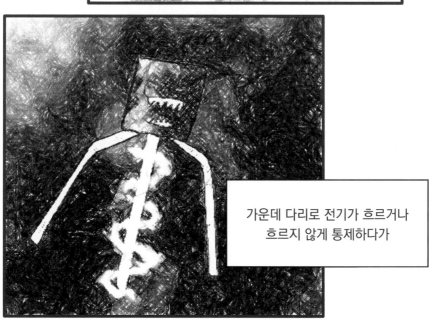

가운데 다리로 전기가 흐르거나
흐르지 않게 통제하다가

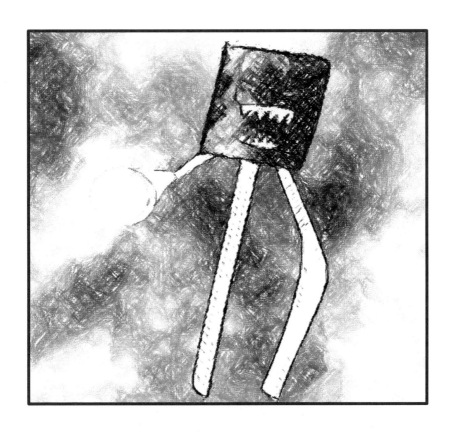

돌연 전기를 다른 한 쪽 다리로 흘려서
무시무시하게 출력을 해버리는

괴물….

엇?
쭈꾸미인가?

ㅠ- ㅜ

낙지같은데
세발 낙지?*

이 쭈꾸미. 아니, 괴물의 이름은 트랜지스터.
전류가 흐르거나(1) 흐르지 않게(0) 하여
'0'과 '1'의 2가지 경우의 수를 표현할 수 있다.
자, 다음 장을 보라고!

---

* 　세발 낙지는 다리가 3개라서 붙은 이름이 아니라 다리가 가늘어서 붙은 이름이다.

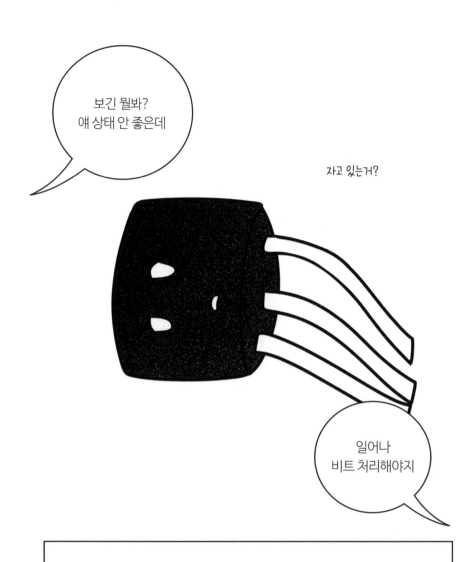

아니! 저 비실한 상태가
바로 전기가 흐르지 않는 OFF 상태!
즉, '0'을 표현하고 있는 것이다.

반대로 저건 전기가 흐르는 중인 On 상태.
즉, '1'을 표현하고 있는 것이다.

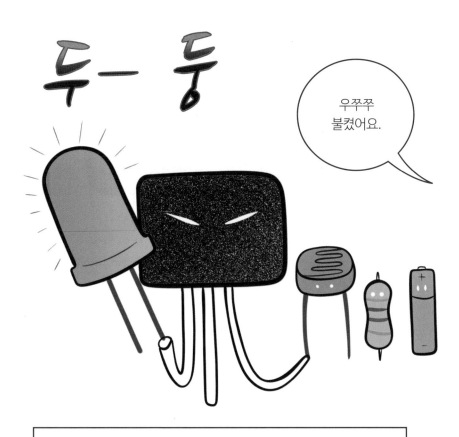

얘가 바로 컴퓨터가 1과 0만 알아들을 수 있게 하는
그 근본 원리이자, 컴퓨터의 세포다.

그런데 얘들은 여럿이 모일 때 힘이 더 강하지.

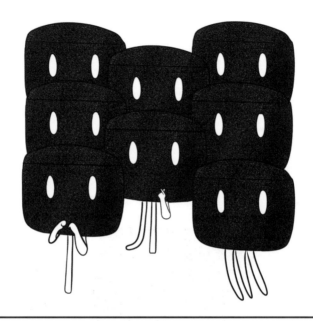

아까 쭈꾸미 혼자서 '0'과 '1'
2가지 수를 표시할 수 있다고 했지?

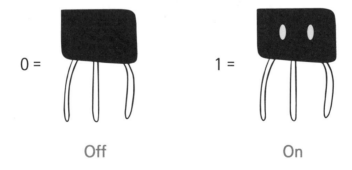

0 =

1 =

Off

On

그런데 얘가 둘이 모이면 0~3까지 4가지 수의 표현이 가능해.
어때? 모이니까 훨씬 더 강하지?

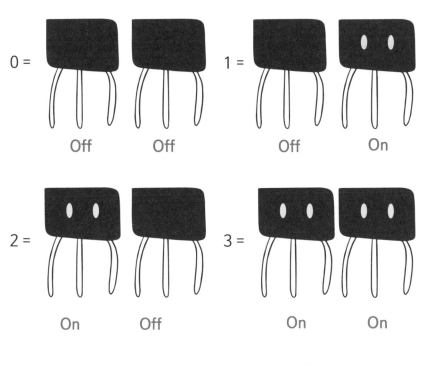

0 =   Off   Off

1 =   Off   On

2 =   On   Off

3 =   On   On

아니
모르겠는데?

앞에서 10진수 2를 트랜지스터는 전류의 On/Off 로 표시했잖아?
이걸 Off = 0으로, On = 1로 치환하면,

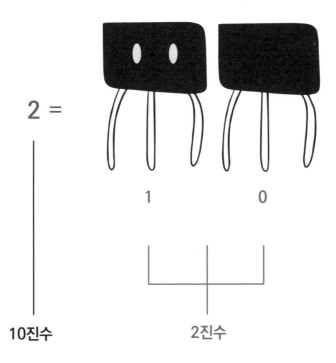

$$2 =$$

1   0

10진수   2진수

10진수 "2"는 "1 0"으로 표현이 되지?
이렇게 0과 1로만 수를 표현하는 것을 '2진수'라고 해.

트랜지스터 셋이 모이면 0~7까지
총 8개의 수를 2진수로 표현할 수 있어.

0 =

0   0   0

1 =

0   0   1

2 =

0   1   0

3 =

0   1   1

4 =

1   0   0

5 =

1   0   1

6 =

1   1   0

7 =

1   1   1

여기 10진수를 2진수로 변환한 표도 참고해봐.

10진수	2진수	10진수	2진수
0	00000000	14	00001110
1	00000001	15	00001111
2	00000010	16	00010000
3	00000011	17	00010001
4	00000100	18	00010010
5	00000101	19	00010011
6	00000110	20	00010100
7	00000111	21	00010101
8	00001000	22	00010110
9	00001001	23	00010111
10	00001010	24	00011000
11	00001011	25	00011001
12	00001100	26	00011010
13	00001101	27	00011011

[표 1] 10진수 – 2진수 변환

트랜지스터 하나가 늘 때마다 표현할 수 있는 수는 2^n
(2의 거듭제곱)으로 증가해. 즉, 8개로 늘어나면
2^8 인 256가지 경우의 수를 표현할 수 있어. 쉽지?

그럼, 이제 쭈꾸미가 불 켜는 그림은 더 안 그릴 게.

반도체

그래도 몇 개만 그려봤어.

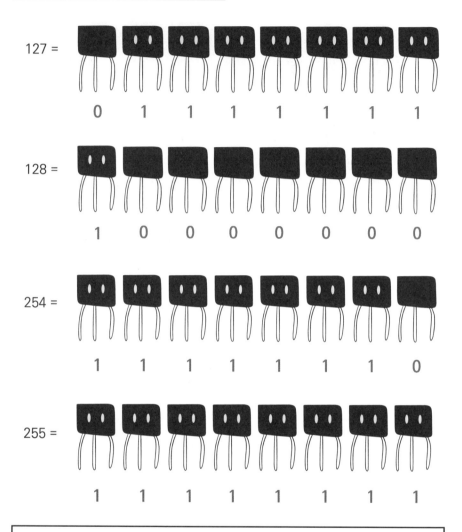

127 = 0 1 1 1 1 1 1 1

128 = 1 0 0 0 0 0 0 0

254 = 1 1 1 1 1 1 1 0

255 = 1 1 1 1 1 1 1 1

8개면 2^8, 총 256개의 수를 표현할 수 있지? (0~255).

오래된 전자제품을 뜯어보면 회로 기판에 이렇게
많은 트랜지스터가 있는 것을 볼 수 있을 꺼야.

앞으로 이런 걸 보면 얘들한테 인사나 해줘.

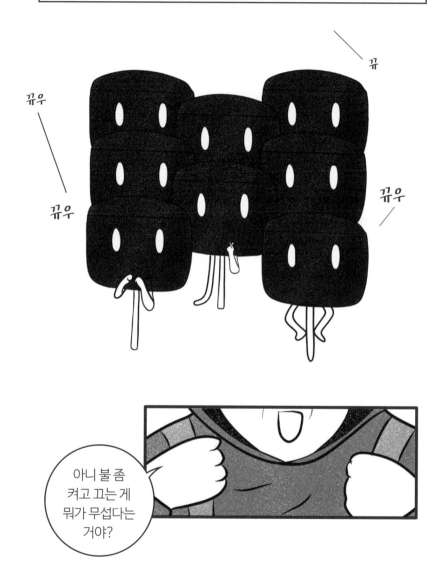

좋아, 진짜 무서운 것을 지금부터 보여주지!

쭈꾸미들을 연결하는 방식에 따라 논리연산* 까지 가능해.
이런 쭈꾸미들이 수십~수백억 개가 결합된다면
연산 능력도 엄청나겠지?

---

*   트랜지스터들이 모여 논리회로를 구성하고, 이들 논리회로는 논리 게이트라 불리는 기본
     연산 요소로 이루어져 있다. 논리연산을 통해 다양한 계산과 고성능 연산이 가능하다.

바로
이거

컴퓨터의 CPU(혹은 프로세서)!!
이 놈이 바로
그 쭈꾸미 수십~수백억이 모여서 결합된 '괴물'이지.

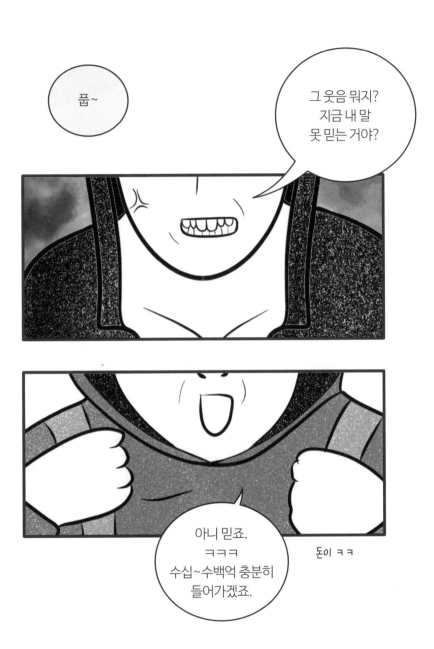

반도체

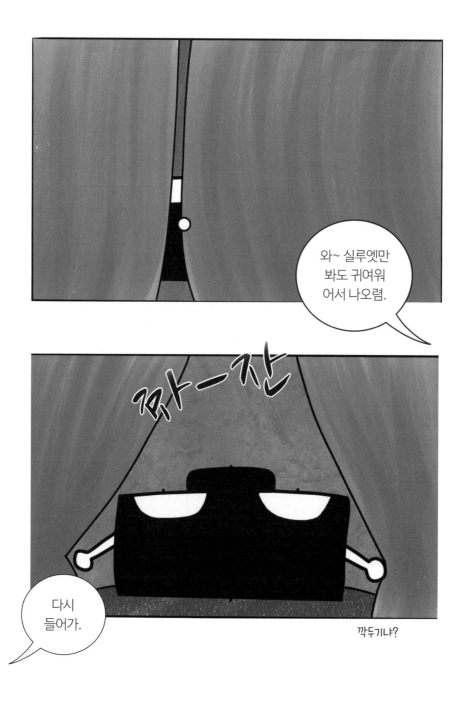

반도체

이 납작해진 쭈꾸미를 모스펫* 이라고 불러.
그럼 얘들 수십/수백억이 모여서
작게 결합된 패키지를 뭐라고 할까?

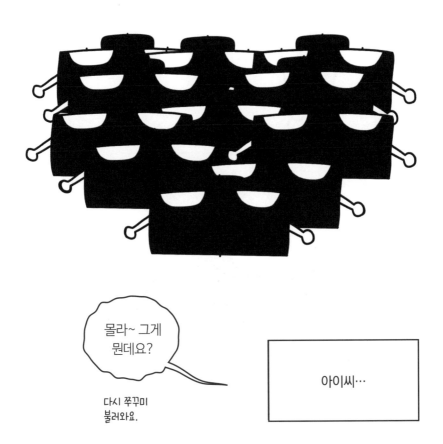

몰라~ 그게
뭔데요?

다시 쭈꾸미
불러와요.

아이씨…

*   모스펫(MOSFET) : Metal-Oxide-Semiconductor Field-Effect Transistor의 약자로,
    번역하면 '금속 산화막 반도체 전계효과 트랜지스터'라고 한다.

당신 지금
선 넘었…

뭐??
아이씨?

그 이름이 '아이씨'야.

모스펫들이 모여서
결합된 패키지를
IC*라고 한다고!

무슨
선을 넘어?

너 변한 게
선 넘었어.

*   IC(Integrated Circuit, 집적회로) : 최근 흔히 부르는 반도체는 IC를 의미한다.

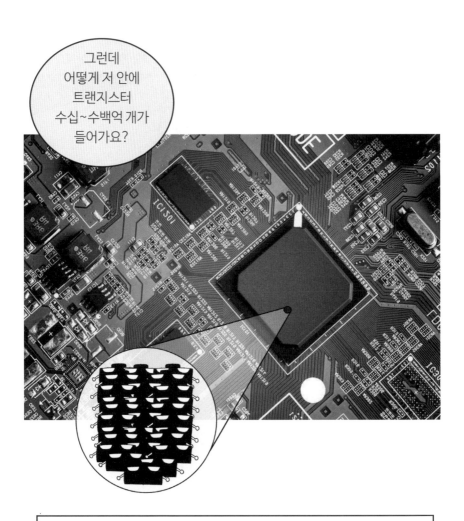

그런데
어떻게 저 안에
트랜지스터
수십~수백억 개가
들어가요?

'삼성전자'나 'TSMC' 반도체 기사에 항상 나오는
'n나노 공정 어쩌구' 하는 기사 본 적 있지?

B社 2년 내 2.5나노 공정 착수

2021. 05. 12. – B社의 2나노 공정을 위한 로드맵 발표

A社 vs B社 2나노 반도체 전쟁

2021. 01. 28. – 안정화와 신뢰성! 주도권은 누구에게?

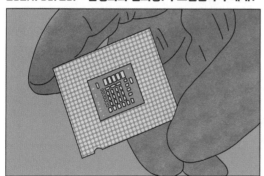

그게 트랜지스터를
IC에 얼마나 많이 넣을 수
있는지에 대한 얘기야.

이제 알겠지?

아아!!

전혀
모르겠는데?

IC의 회로 선폭을
더 가늘게 만든다는
뜻이야. 더 가늘수록
더 많은 쭈꾸미를
넣을 수가 있으니까.

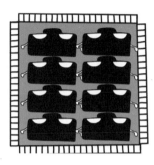  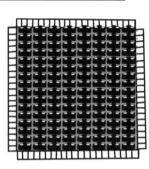

그나저나
작아지는
추세라면서

얘는 왜 갑자기
이렇게 커져서
따라다니는 거야?
귀찮게~

뭐 어때.
따라온다고
무슨 사고라도 터지냐?
괜찮아. 따라와.

선폭이 천 배 가늘어지면 트랜지스터 백만 개를 더 넣을 수 있어. 현재는 무려 3나노 공정까지 가능해.

초미세 공정	부를 때	10의 거듭제곱	단위 소수점 표기
1pm	1피코미터	10^{-12}	0.000 000 000 001 (1조분의 1미터)
1nm	1나노미터	10^{-9}	0.000 000 001 (10억분의 1미터)
1μm	1마이크로미터	10^{-6}	0.000 001 (백만분의 1미터)
1mm	1밀리미터	10^{-3}	0.001 (천분의 1미터)
1M	1미터	10^{0}	1 (1미터)

[표 2] 초미세 공정 회로 선폭 크기의 단위

- 코로나 바이러스 : 100나노미터
- 초미세먼지 직경 : 2.5마이크로미터
- 적혈구 직경 : 8마이크로미터
- 머리카락 굵기 : 100마이크로미터

이런 초미세 공정을 통해 많은 트랜지스터를 넣는 만큼 IC의 연산 성능도 빠르게 발전을 하는 거야.

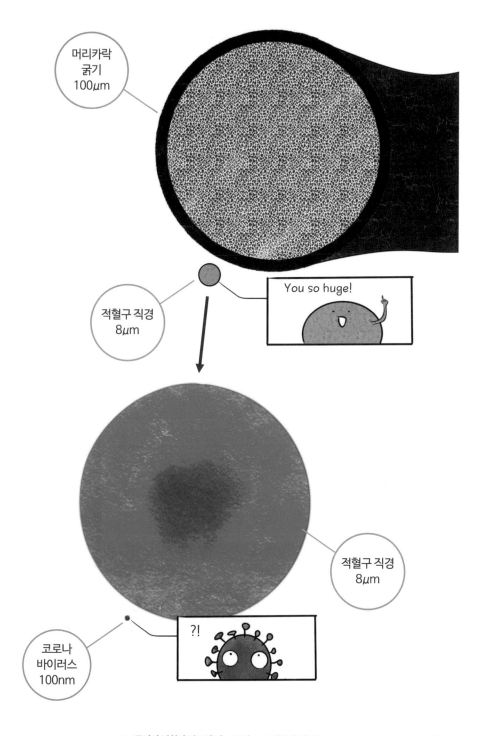

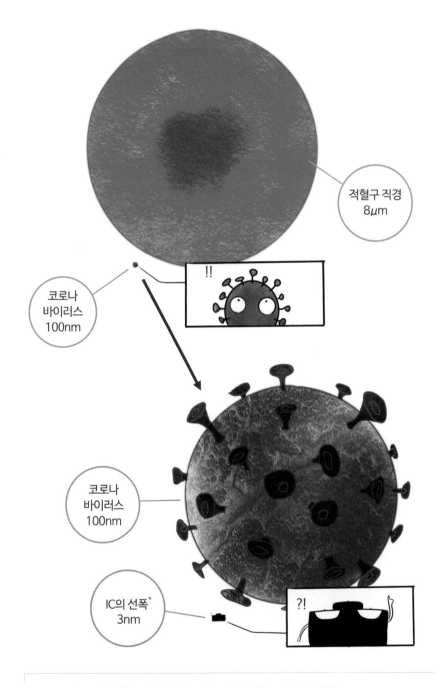

* 쉬운 묘사를 위해 IC의 선폭 대신 트랜지스터(모스펫)를 그림으로 표현했다.

연도	IC의 선폭
1971	10μm
1974	6μm
1977	3μm
1981	1.5μm
1984	1μm
1987	800nm
1990	600nm
1993	350nm
1996	250nm
1999	180nm
2001	130nm
2003	90nm
2005	65nm
2007	45nm
2009	32nm
2012	22nm
2014	14nm
2016	10nm
2018	7nm
2020	5nm
2022	3nm

[표 3] IC 선폭의 연도별 변화

[표 3]을 보면 1971년에 비하여 2022년에 IC의 선폭이 얼마나 줄어들었는지 알 수 있어. 이와 함께 1965년에 IC에 들어가는 트랜지스터 수가 2년마다 두배로 늘 것이라는 예측이 나왔는데 이걸 '무어의 법칙'이라고 해.

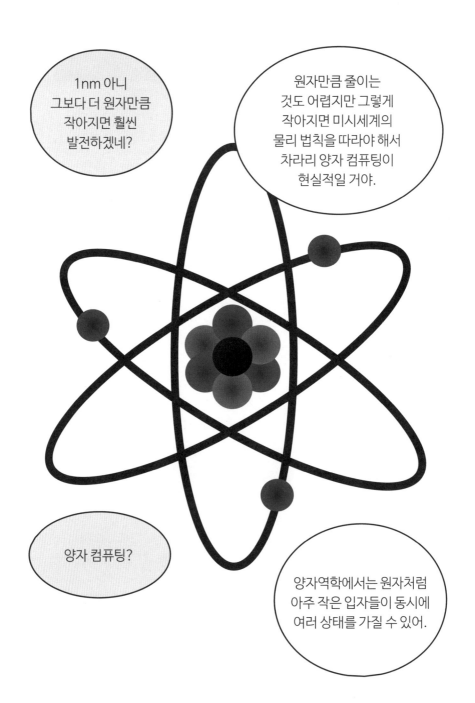

* 　큐비트(Qubit : Quantum Bit)는 양자역학의 기본 개념인 파동함수를 사용하여 정보를
저장하고 처리하는 단위. 하나의 입자가 2가지 상태를 동시에 가질 수 있기에 정통적인
컴퓨터의 트랜지스터보다 훨씬 많은 정보를 저장 및 처리할 수 있다.

3　무어의 법칙과 반도체 나노 공정 ― 수백억의 괴물들　　　　**41**

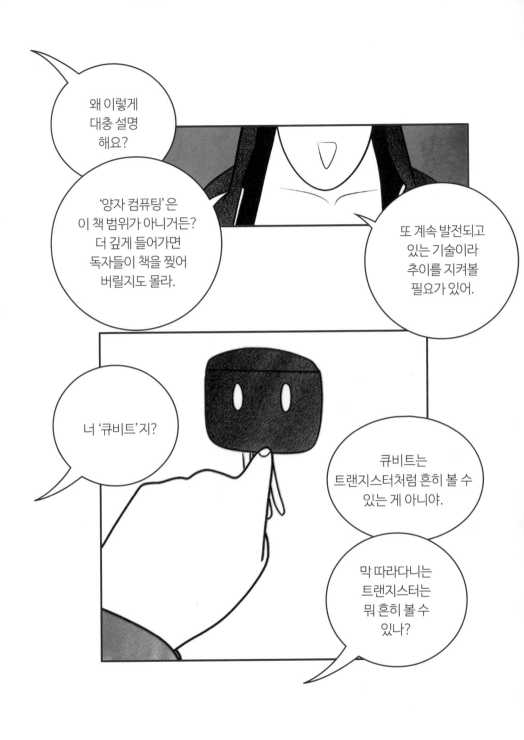

저 애플의 M3칩은 3나노 공정이 적용됐고
250억 개의 트랜지스터가 들어 있어

그건 아냐. 애플은 IC를 직접 생산하지 않고 설계만 해.
생산은 위탁을 하지. 이렇게 설계만 하는 회사를
팹리스 〈Fabless : Fabrication(생산)+less〉 업체라 불러.

그리고 팹리스 업체가 설계한 IC를 생산만 해주는 회사를
파운드리(Foundry) 업체라 하고, TSMC가 대표적이야.

반도체

하지만 모든 산업이 IT화 되어가며
점점 팹리스 업체의 IC 수요는 폭증하는데 반해
파운드리 업체의 공급은 그에 맞춰 증가하지 못해.
아무리 슈퍼갑 애플이라도
슈퍼을 TSMC에 보조를 맞춰야 하는 거지.

그러면 팹리스들이 자기가 직접 생산을 하면 되잖아요?

파운드리는 상당한 자본력과 기술력이 필요해서 진입장벽이 매우 높아.

3나노
5나노
7나노
10나노
20나노
50나노
100나노
1마이크로

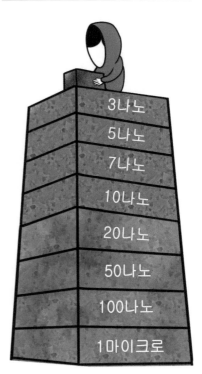

3나노
5나노
7나노
10나노
20나노
50나노
100나노
1마이크로

특히 n나노 등 초미세 공정은 TSMC나 삼성전자 같은 선두기업을 후발주자가 따라잡는 것은 불가능에 가까워.

게다가 TSMC는 삼성전자와 달리 파운드리에만 집중을 하기 때문에
스마트폰, 가전 그리고 반도체 설계 등 사업 영역에서 경쟁사도 많은
삼성보다 고객 확보가 쉬워.

잘 해준다니까!

너나 잘해!

잘 좀
부탁해!

설계도

애플이 중요한 IC의 생산을 스마트폰 경쟁사인 삼성전자*에 맡길 수 있을까?
이래서 TSMC에 고객이 몰리는 거야.

---

*   삼성전자는 IC의 설계와 생산을 모두 하는 종합반도체회사(IDM)이다.

그런데 파운드리 시장을 지배하는 TSMC와 삼성전자,
이 두 초거대기업도 의지하고 있는 회사가 있어.

반도체

이 EUV 노광장비를 유일하게 개발하는 회사가 네덜란드의 ASML이야.
삼성, TSMC, 인텔 등은
1대라도 더 구매하려고 경쟁을 펼치고 있어.

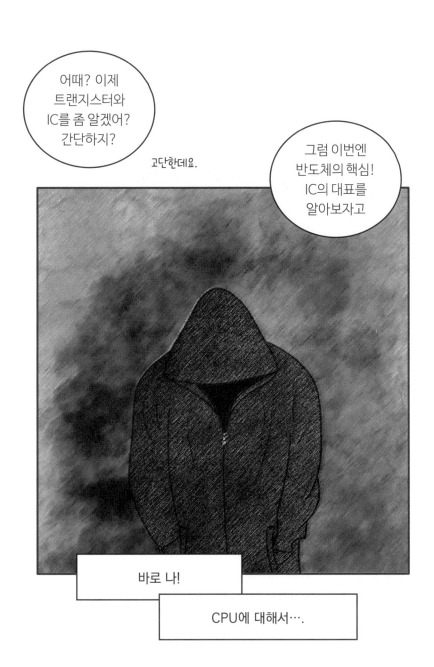

5 CPU의 클럭 속도 — 뜨거운 심장의 남자

쉽게 설명하려고 심장에 비유를 해 본 거야.

심장박동 = CPU의 클럭 주기(Clock Cycle)라면
심장박동 속도 = CPU의 클럭 속도(Clock Speed)야.

심장박동이 인간의 생명을 유지하기 위해 심장이
뛸 때마다 혈액과 산소를 온 몸과 뇌로 전달하는 것처럼

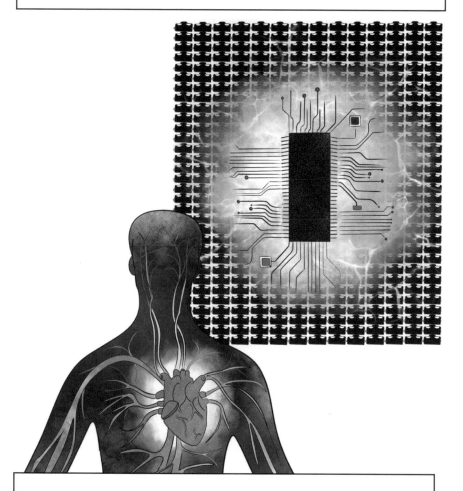

클럭 주기는 CPU의 연산을 위해 진동*을 할 때마다
전기 신호를 '모스펫(트랜지스터)'들에게 전달하는 것이지.

---

* 소리나 움직임 등 물리적 진동의 발생이 아닌 전기적 신호

클럭 속도는 1초에 심장박동(클럭 주기)이 몇 번 뛰는지를 측정하고
헤르츠(Hz)* 로 표시하고 있는데

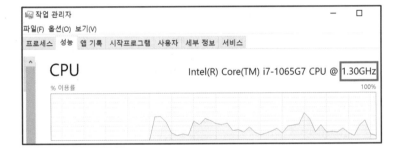

클럭 속도가 빠르면 더 많은 연산과 작업을 수행할 수 있기에
컴퓨터 성능을 보는 지표의 하나로 보고 있어.

---

*　　**헤르츠(Hz)** : 주파수를 나타내는 측정 단위. 전자기파의 존재를 처음 실증한 독일 물리학자
　　하인리히 루돌프 헤르츠(Heinrich Rudolf Hertz)의 이름에서 나온 단위명이다.

아까 저 CPU의 클럭 주기는 1초에 43억 번 진동한다고 했지?
그럼 클럭 속도는 4.3GHz인 것이다.

단위	부를 때	10의 거듭제곱	수량
1Hz	1헤르츠	10^0	1 (1초에 1회)
1KHz	1킬로헤르츠	10^3	1,000 (1초에 1천회)
1MHz	1메가헤르츠	10^6	1,000,000 (1초에 1백만 회)
1GHz	1기가헤르츠	10^9	1,000,000,000 (1초에 10억 회)
1THZ	1테라헤르츠	10^{12}	1,000,000,000,000 (1초에 1조 회)

[표 4] 헤르츠 측정 단위

참고로 인간의 심장박동은
보통 1초에 1번 뛰니까 1Hz야.

심장박동 속도….
그러니까 클럭 속도가
빠르면 좋은 거네요?

하지만 클럭 속도가 무조건 높다고 좋은 것은
아닌 것이 만약 클럭 속도를 한계 이상 빠르게
만든다면 과열이 돼서 IC가 손상될 수도 있거든.

그래서 최근에는 클럭 속도 외에도 CPU의 코어
숫자를 늘려서 안정적으로 성능을 향상시키고 있지.

코어가 하나만 있을 경우 (싱글코어)에 프로그램이 실행된다고 보자고,
MS의 파워포인트를 예로 들까?

파워포인트를 1개의 CPU 코어에 할당을 해보자.

코어에는 컨트롤 유닛이 있는데

해독된 명령을 일련의 작업으로 변환해서 모스펫들이
적시에 on/off를 수행할 수 있도록 전달을 하는 거야.

그런데 PPT 하나만 하는게 아니라 코딩도 하고
영화도 재생하면서 동영상 편집도 동시에 한다면?

이렇게 되면 싱글코어에서는 여러 프로그램을
계속 돌아가며 작업*을 할 수 밖에 없어.

영화재생과
코딩은 1소절씩
번갈아가며 불러.

나한테 화내지말고
CPU한테 따져!
코어 좀 더
장착하라고!

파워포인트 2소절만
부르고 영상편집을
이어서 불러.

이러니 당연히 코어는 한 작업에 리소스를 온전히
집중할 수가 없기에 좋은 성능을 보여주지 못하지.

---

*   이것을 컨텍스트 스위칭(Context Switching)이라고 한다.

하지만 코어가 여러 개 있다면 각각 다른 코어들이 나눠서
작업할 수 있으니 더 좋은 성능을 보여주겠지?

또 무거운 프로그램은 한 개의 코어가 아닌
여러 코어가 같이 할당되어 처리를 할 수도 있어.

CPU의 코어는 어떤 프로그램이나 작업도 잘 수행하고 못하는게 없는 우등생과 같아.

특히 광원효과나 음영 등 정교하고 복잡한 그래픽을 CPU가 처리하려면
여러 개의 코어가 붙어도 꽤 오래 걸리고 비효율적이야.

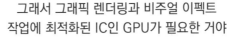

그래픽 렌더링이나 비주얼 이펙트의 경우
스크린의 엄청나게 많은 픽셀마다
색깔과 광원, 음영을 각각 실시간으로
작업을 해야 해.

아오~
징그러워.

이럴 땐 많은 코어가 동시에 작업하는 게 좋은데
GPU는 코어가 매우 많아.
예를 들어 NVIDIA의 GeForce RTX 3090은 코어가 10,496개나 있어.

그래서 그래픽이나 비주얼 작업엔 코어가 많고,
병렬 작업에 최적화된 GPU가 훨씬 효과적이지.

뛰어난 그래픽과 무거운 엔진의
최신 게임을 실행할 때는 CPU와
GPU의 공조가 아주 중요해.

코어가 수천?
참나 어이없네? 저런
징그러운 괴물이랑
내가 공조를?

CPU는 전체 게임로직과 데이터 흐름을
제어하고 물리엔진과 AI를 관리해.
그리고 3D 모델, 텍스처 등 데이터를
GPU로 보내면

GPU는 받은 데이터를 처리하고 이미지를 생성하는 등
그래픽 렌더링과 비주얼 데이터를 처리해. 이렇게
둘이 공조해서 게임이 원활히 실행되도록 하는 거야!

CPU가 어떤 프로그램이나 데이터를 RAM에게
요청하면 RAM은 그걸 SSD*에서 불러오지.

---

* SSD(Solid State Drive) : 전자식 플래시 메모리를 사용해 데이터를 저장하는 빠르고 내
   구성이 뛰어난 비휘발성 메모리인 디스크의 일종. 디스크에는 SSD 외에도 HDD, Flash,
   EEPROM 등도 있다.

그럼 CPU는 SSD까지 안가도 RAM이 갖고 온
데이터에 빠르게 접근할 수 있는 거야.

RAM : 내 가방이요? CPU 형이 시키면 SSD 창고까지
가서 물건들 담아오는 용도인데요?

RAM : 가방 안에 있으면 그 형 필요할 때
SSD까지 안 가도 그 형이 바로 볼 수 있으니까.

반도체

램의 용량이 크면 보관할 수 있는 양이 많아지고
그만큼 SSD에서 불러오는 횟수가 줄어드니까

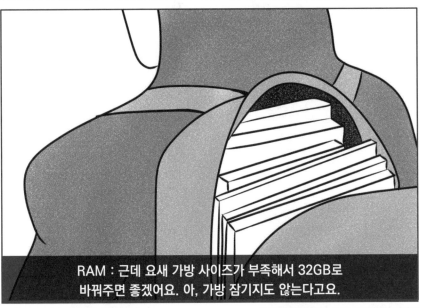

RAM : 근데 요새 가방 사이즈가 부족해서 32GB로
바꿔주면 좋겠어요. 아, 가방 잠기지도 않는다고요.

RAM : 남들은 64GB라는데 8GB가 뭐냐고 8GB가!

속도가 빨라지는 거야. 그래서 RAM의 크기는 컴퓨터
성능을 보여주는 하나의 인자로 작용하는 거지.

CPU는 웹페이지, 쿠키, 최근 열었던 문서처럼
더 자주 쓰는 건 더 빨리 접근하기 위해서
CPU 내의 캐시(Cache)라는 메모리에 저장을 하지.

근데 RAM이나 캐시에 있는 프로그램이나
데이터는 전원이 꺼지면 휘발되어 버리거든?

이런 게 휘발성 메모리(Volatile-Memory)야.
게임이나 문서작업 중간에 미처 저장을 하기 전에
전원이 꺼지면 데이터가 날라가는 이유지.

반도체

CPU가 특정 데이터를 저장하려면

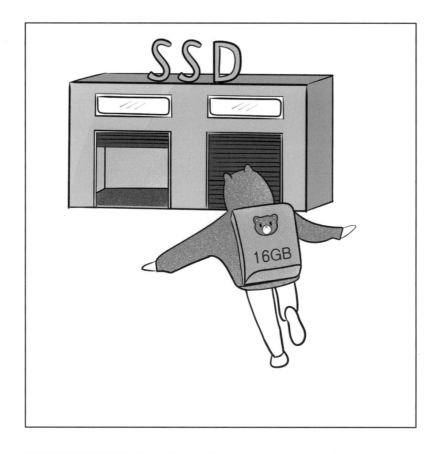

먼저 RAM에 그 데이터를 쓰고(Write),
RAM이 다시 SSD에 저장을 해.

SSD는 전원이 꺼져도 저장된 프로그램이나
데이터가 휘발이 되지 않아. 그 이유는 SSD는

※   여기서는 RAM이 SSD에 데이터를 쓰는 것처럼 만화적으로 표현했지만, 실제로는 OS에 의해서
데이터가 RAM에서 SSD로 옮겨진다. 이를 'Flushing'이라고 한다.

SSD를 구성하고 있는 Flash Memory의 특성 때문이야.
Flash Memory는 특수한 기술*이 적용됐기에 전원이 없어도
데이터가 유지되거든.

USB나 SD카드도 마찬가지야. 이런 것들을
비휘발성 메모리(Non-Volatile Memory)라고 불러.

---

*　Floating-gate transistors : 작은 전하가 고립된 게이트(Floating Gate)에 저장되어,
전원을 차단하더라도 데이터를 유지할 수 있다.

그리고 휘발성, 비휘발성 모두를 합쳐서
메모리 반도체라고 불러. 프로그램과
데이터를 기억하는 반도체라는 뜻이야.

휘발 여부	메모리 유형		활용 사례
휘발성	RAM	SRAM	CPU의 캐시 메모리 및 레지스터 등에 활용
		DRAM	컴퓨터의 메인 메모리 (흔히 말하는 RAM)에 활용
비휘발성	ROM	ROM	펌웨어, 부트로더, 시스템 설정 데이터 등의 저장에 활용
		PROM	
		EPROM	
		EEPROM	
	Flash Memory	NAND Flash	USB 드라이브, SSD, SD카드 등에 활용
		NOR Flash	임베디드 시스템, 스마트폰 등에 활용

[표 5] 메모리 반도체 종류

라디오 방송 주파수

→ 본문 57쪽 참조

라디오에서도 헤르츠를 사용하는 것을 들어 본 적이 있을 것이다.
(예) FM 107.7 메가헤르츠, FM 95.1 메가헤르츠

CPU 클럭 속도와 라디오 주파수는 둘 다 헤르츠(Hz)를 사용하는 데, 라디오 주파수는 전파가 라디오 방송국 송신기에서 방출되는 속도인 초당 전자파의 진동 수를 측정하는 것이다.

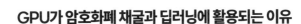

GPU가 암호화폐 채굴과 딥러닝에 활용되는 이유

GPU는 원래 컴퓨터 그래픽 및 게임에 사용되지만, 암호화폐 채굴과 AI 딥러닝과 같은 작업에도 활용된다. 암호화폐 채굴은 블록체인에서 거래 내역을 검증하고 기록하기 위해 복잡한 수학적 문제를 해결하는 프로세스인데, 이를 위해 GPU는 많은 연산을 동시에 처리할 수 있어 CPU보다 효율적이다. 마찬가지로 AI 딥러닝에서도 GPU는 대량의 데이터 처리와 계산을 병렬로 수행할 수 있어 CPU보다 우수한 성능을 발휘한다.

엔비디아와 CUDA 플랫폼

CUDA 플랫폼은 개발자가 GPU상에서 실행할 수 있는 코드를 작성하고 GPU의 병렬 처리 기능을 활용할 수 있는 라이브러리와 도구를 제공하는 엔비디아가 개발한 SW 플랫폼이다.

엔비디아는 GPU 개발 및 CUDA 플랫폼에 대한 오랜 투자를 통해서 강력하고 효율적이며 널리 사용 가능한 CUDA 플랫폼을 지원하는 GPU를 만들 수 있었고, 이는 엔비디아를 GPU 시장에서 가장 인기 있고 널리 사용되는 GPU 제조사로 만들었다.

반도체 설계의 강자 ARM

ARM은 영국에 본사를 둔 반도체 기술 회사로, 저전력 및 고성능 특성을 갖춘 ARM 프로세서는 스마트폰, 태블릿, IoT 디바이스 등 다양한 모바일 기기에서 사용되며, 에너지 효율적인 설계와 뛰어난 성능을 제공한다.

ARM은 전 세계적으로 많은 반도체 제조사들에게 프로세서 기술과 라이센싱을 제공하여 이들이 ARM 아키텍처를 기반으로 고유의 제품을 개발하고 생산할 수 있도록 지원한다. 이러한 방식으로 ARM 아키텍처는 글로벌 반도체 산업에서 큰 영향력을 발휘하며, 모바일 컴퓨팅 및 IoT 분야에서 핵심 역할을 담당하고 있다.

소프트웨어

소프트웨어

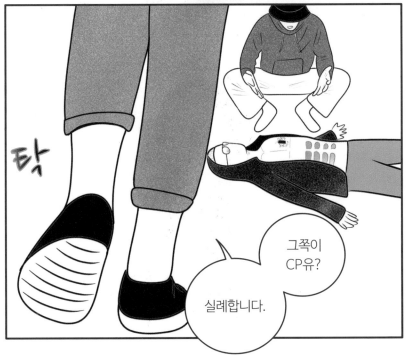

소프트웨어

소프트웨어

저요?

아, 깜짝이야!

노크 좀 하고 와라!

문이 있어야 노크를 하죠!

그리고 나 고양이임

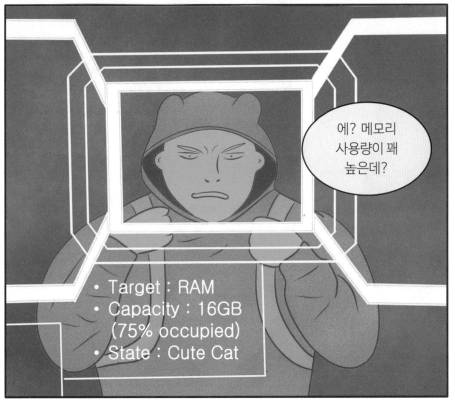

*   **시스템 호출(시스템 콜, System Call)** : 어플리케이션이 OS에 특정 서비스에 대한 요청을 하는 것
      이다.

10   커널 — 명품 선글라스

99

---

* **오버클럭(Overclock)** : CPU의 클럭 속도를 제한이상으로 올려서 더 많은 클럭 주기를 돌리는 것. 열
  이 발생하고 CPU에 손상을 일으킬 수 있기에 바람직하지 않지만 필요하다면 쿨링(Cooling) 시스템
  과 함께 제한적으로 사용을 해야 한다.

SW는 작업절차를 반도체에게 전달하고
반도체는 직접 그 작업을 수행하는 거야.
SW가 없는 반도체는 빈 깡통에 불과하고

반도체가 없는 SW는 그 존재조차 증명할 수 없어.
즉, 둘은 상하관계가 아닌 유저의 작업 수행을
달성시키기 위한 유기적인 협업 관계지.

※   SSD에 Data를 영구 저장할 때 CPU는 RAM의 동작을 관리한다.

유저가 PPT 작업 중 저장 버튼을 눌렀을 때 발생하는 일은
앞의 만화에서 설명한 것보다 더 많아.

구성요소	종류	역할
PPT application	소프트웨어	OS에 시스템콜을 보냄
System Call	소프트웨어	OS에 특정 작업의 수행을 요청하는 메커니즘
OS (Operating System)	소프트웨어	시스템콜을 수신하고 저장 장치에 액세스 및 Write를 위해 파일을 열고, 성공적으로 Write가 되었다는 컨펌을 PPT 프로그램에 다시 전송
Storage Device Driver	소프트웨어	OS와 SSD 간의 통신을 제어
CPU (Central Processing Unit)	반도체	PPT 프로그램, OS 및 Storage Device Driver의 작업절차를 직접 수행. 메모리에서 작업절차를 검색하고 실행. 해당 프로세스에 관련된 다양한 컴포넌트를 조정하는 중요한 역할
RAM	반도체	CPU에서 작업 중인 데이터를 저장
SSD (Solid State Drive)	반도체	Write된 데이터를 영구 저장
SSD Controller	반도체	SSD에 데이터가 저장되면 성공적인 Write Confirmation을 Storage Device Driver로 전송함

[표 6] 유저가 작업 중인 PPT 파일을 저장할 때 작업 순서 및 실행 컴포넌트

하지만 만화에 모든 내용을 다 표현하면 지나치게
복잡해서 RAM이 SSD에 보관하는 것으로 표현을 했어.

커널은 또 어느 한 프로그램이 자원(CPU, GPU, RAM 등)을
독점하지 못하게 다른 프로그램에도 자원을 할당하고
어떤 프로그램이 조용하면 대기상태로 만들어.

OS에는 커널 말고도 디바이스
드라이버도 있는데, 키보드나 마우스,
USB 등 외부 입출력 장치와
연결 및 통신을 제어해서
유저가 장치들을 컴퓨터에
사용할 수 있도록 해주지.

OS의 메모리 매니지먼트는
시스템 전체 메모리 사용량을
모니터링하며 메모리가 부족하면
일부를 SSD에 분배했다가 램에
공간이 생기면 다시 로드를 하고, 또
프로그램이 자기에게 할당되지 않은
메모리를 마음대로 사용하지
못하도록 접근을 막기도 해.

※   OS는 그 외에도 여러 모듈들로 구성되어 있음

※ GPU에 결함이 있는 것 같다.
   자꾸 선 넘으면 제제를 해야 할 수도 있다.

그래, 유저는 어플리케이션을 쓰는게 목적이야.
게임이든, 영화든, 인터넷이든 뭐든 유저가
어플을 쓰려면 그 전에 OS가 준비가 되어야 해.
왜냐하면 유저가 특정 어플을 실행하면

---

* **BIOS / UEFI** : 컴퓨터가 켜지면 가장 먼저 동작해서 시스템 HW를 초기화시키고 부트로더를 실행 시키는 펌웨어이다.

** **부트로더** : 컴퓨터가 켜지면 BIOS/UEFI에 의해서 실행이 된 후 OS를 SSD에서 RAM으로 로딩하 는 펌웨어이다.

※   **ROM** : 컴퓨터 부팅에 필요한 펌웨어들을 저장하는 비휘발성 메모리(Non-Volatile Memory)로,
필수 펌웨어만 저장되므로 용량이 매우 적다.

소프트웨어

이렇게 유저가 컴퓨터를 켜면 부팅 절차를 통해
OS와 RAM이 어플을 불러올 수 있게 준비가 되는 거야.

※   GPU가 선을 넘었다. 출연을 금지시켜야겠다.

큰 상가 건물이 하나 있어요.

이 건물 자체를 컴퓨터라고 비유를 해보자고요.

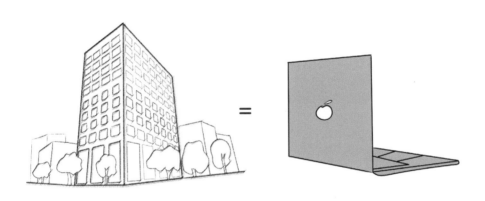

건물에 공급되는 전력, 수도, 공용 주차장, 창고 그리고 냉난방시설, 공간면적 등 인프라들이 CPU, RAM, SSD와 같은 반도체 리소스라고 볼 수 있어요.

그러면 건물에 입점한 다양한 상점들은
유저가 실행하는 어플리케이션과 같죠.

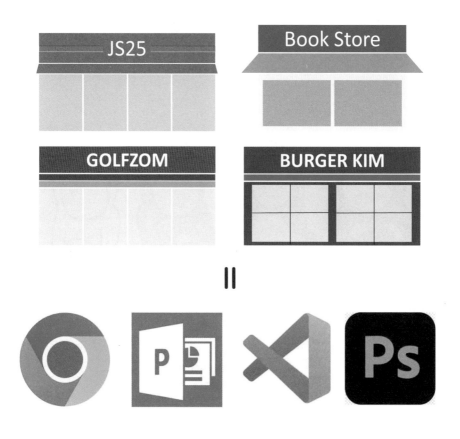

상점을 손님이 특정 목적에 따라 방문하는 것처럼
어플은 유저가 특정 목적에 따라 실행하는 것이죠.

※   어플리케이션은 유저가 요청하는 특정 작업을 컴퓨터의 자원들에게 실행하도록 하는 소프트웨어다.
크롬과 같은 인터넷 브라우저도 어플리케이션에 속한다.

이런 상점들의 입점을 관리하고 공용 리소스를
공평하게 쓰도록 조율하는 것은 '관리사무소'죠?

이 관리사무소를 'OS'라고 하면 적당할 것 같아요.

OS는 어플의 실행을 제어하고 컴퓨터 리소스를
적절히 사용하도록 관리하는 **'시스템 소프트웨어'**죠.

이 경우는 2개의 어플이 같은 음악 파일 메모리와
사운드 카드 드라이버에 동시에 접근한 것이에요.

※   OS는 펌웨어, 미들웨어 등과 함께 시스템 소프트웨어로 분류될 수 있다.

‘시스템 소프트웨어’와 ‘어플리케이션’은 특정한
작업을 컴퓨터에게 수행하게 하는 ‘프로그램’이라는
소프트웨어의 한 분류로 묶을 수 있어요.

구분		정의
프로그램	시스템 소프트웨어	어플리케이션이 원활히 운영될 수 있도록 컴퓨터의 리소스를 관리하고, 각종 장치와 프로그램을 지원/제어하는 필수 소프트웨어 (예) OS, 펌웨어, 미들웨어, 드라이버, 소프트웨어 플랫폼 등
	어플리케이션 소프트웨어	유저가 특정 목적을 위해 직접 사용하며, 특정 작업을 실행하면 컴퓨터의 리소스들이 이를 수행하도록 지시하는 소프트웨어 (예) 게임, 영상/음악 재생, 문서 작성, 웹 브라우저, 주식투자, 금융거래, 코딩 IDE, 영상편집 등
데이터		유저가 프로그램을 사용하면서 저장, 파생되는 정보 (예) 게임 세이브 파일, 인터넷 쿠키, GPS 메타 데이터, 프로그램 로그파일 등

[표 7] 소프트웨어의 구분

잠깐 저기
데이터도 그럼
소프트웨어
인가요?

맞아요. 그 형태적인 측면에선
데이터도 프로그램처럼
0과 1의 형태로 반도체가
처리하는 ‘소프트웨어’에요.

소프트웨어

동시에 데이터는 유저에 대한 단서를 담고 있는
'정보'이자 '자산'이며 IT 발전이라는 자동차가
더 멀리 달리게 하기 위한 '기름'과도 같아요.

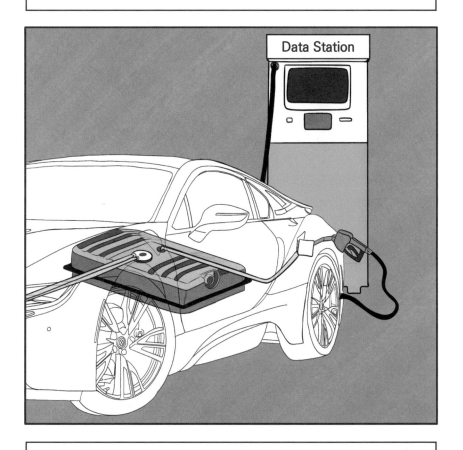

이 이야기는 나중에 Theme 03. AI에서
다시 한 번 더 살펴보자고요.

13 bit(비트)와 byte(바이트) — 소프트웨어의 세포

※　32비트 OS라는 뜻은 컴퓨터의 CPU가 한 번에 처리할 수 있는 데이터가 32비트(약 2^{32}, 약 4GB)
　　라는 뜻이다. CPU의 성능이나 RAM의 사이즈가 아무리 크더라도 32비트 OS에서는 단일
　　프로세스에서 4GB 이상의 메모리에 접근할 수 없다. 32비트 OS와 64비트 CPU가 같이 사용되는
　　것은 권장되지 않는다.

SW인 OS의 세포는
2진수 0과 1!

SW는 반도체가 읽을 수 있게
창조되었고

반도체 CPU의 세포는
트랜지스터!

반도체는 SW를 실행하도록
만들어졌죠.

SW가 무수히 많은
0과 1들을 보내는 데,

그 중에서 딱 1개!
'0'이든 '1'이든
1개만 표현한 것

그게 1이면 전류가 흐르게(On), 0이면 전류가 흐르지 않게(Off)!
아무튼 딱 1개만 표현한 것!

국제적으로 문자를 어떤 숫자로 치환하여 표현할지를 정한 약속이 있어요.
아스키(ASCII) 코드* 라고 부르죠.

---

*   미국 ASA(American Standard Association / 현 ANSI)에 의하여 개발되어 컴퓨터 산
업에 국제적으로 활용되는 문자와 기호의 디지털 표현 방식. 총 256개의 표현이 가능하다.
다음 페이지에 나오는 표는 그 중 56개의 표현을 보여주고 있다.

10진수	2진수	ASCII		10진수	2진수	ASCII
65	01000001	A				
66	01000010	B				
67	01000011	C				
68	01000100	D				
69	01000101	E		97	01100001	a
70	01000110	F		98	01100010	b
71	01000111	G		99	01100011	c
72	01001000	H		100	01100100	d
73	01001001	I		101	01100101	e
74	01001010	J		102	01100110	f
75	01001011	K		103	01100111	g
76	01001100	L		104	01101000	h
77	01001101	M		105	01101001	i
78	01001110	N		106	01101010	j
79	01001111	O		107	01101011	k
80	01010000	P		108	01101100	l
81	01010001	Q		109	01101101	m
82	01010010	R		110	01101110	n
83	01010011	S		111	01101111	o
84	01010100	T		112	01110000	p
85	01010101	U		113	01110001	q
86	01010110	V		114	01110010	r
87	01010111	W		115	01110011	s
88	01011000	X		116	01110100	t
89	01011001	Y		117	01110101	u
90	01011010	Z		118	01110110	v
91	01011011	[		119	01110111	w
92	01011100	₩		120	01111000	x

아스키(ASCII) 코드를 통해서, 'A'는 10진수 65와 2진수 '01000001'로 표현할 수 있죠.

[표 8] ASCII 코드의 일부, 65~120

아무튼 1비트는 알파벳 'A' 하나도 표현 못해요.
'A'를 표현하기 위해서는 8비트가 필요하거든요.*

* A를 표현할 때는 정확히는 7비트가 필요하지만, 데이터를 저장하기 위해서는 8비트의 최소 저장 단위를 사용하기 때문이다.

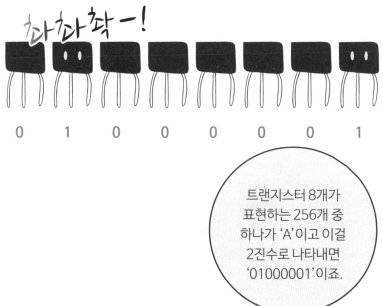

트랜지스터 8개가
표현하는 256개 중
하나가 'A'이고 이걸
2진수로 나타내면
'01000001'이죠.

소프트웨어를 구성하는 가장 작은 단위가 '1비트'라면
소프트웨어를 표현하는 일반적인 단위가 '8비트'이고
'8비트(bit)'가 바로 '1바이트(byte)'죠.

소프트웨어를 표현하는 일반적인 단위가 '1바이트'
'A'처럼 작은 데이터를 표현하는 크기도 '1바이트'
비트보다 바이트를 쓰는 것이 더 직관적이죠?

■	사용 중인 공간:	205,820,633,088바이트	191GB
■	여유 공간:	305,065,512,960바이트	284GB
	용량:	510,886,146,048바이트	475GB

그게 바로 스토리지 사이즈나 데이터 용량을
나타낼 때 바이트를 사용하는 이유 중 하나죠.

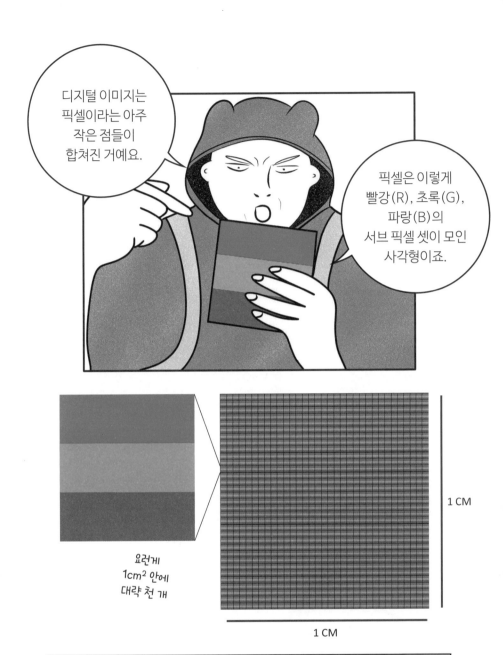

요런게
1cm² 안에
대략 천 개

1 CM

1 CM

27인치 모니터에 해상도 1920 X 1080이면
1cm² 안에 픽셀이 약 1,000개가 있고 전체 화면에
2,073,600개의 픽셀이 있다는 거죠.

하나의 서브 픽셀은 밝기와 선명도를 조절해서 1바이트.
즉, 256개의 색 표현이 가능해요.

10진수 : 255
2진수 : 11111111

10진수 : 255
2진수 : 11111111

10진수 : 255
2진수 : 11111111

각각
256개의
색으로
다변화

10진수 : 101
2진수 : 01100101

10진수 : 61
2진수 : 00111101

10진수 : 26
2진수 : 00011010

서브 픽셀 셋이
하나의 픽셀
색을 표현

픽셀은 서브 픽셀 셋인
3바이트 총16,777,216개 색의
(256 X 256 X 256) 표현이
가능하고 이걸 16진수로
표현할 수 있어요.

RGB (101, 61, 26)

10진수 : 10607066

16진수 : #653d1a

※   RGB 작업(포토샵 등)에서는 픽셀 하나의 색이 16진수로 주로 표현된다. 그 이유는 위 색을 2진수로
     표현하면 24자리(011001010011110100011010)에 달하는 2진수에 비해 표현이 간결하기도 하며,
     또한 16진법이 2진법으로의 변환이 용이하기 때문이다.

이렇게 디지털 이미지는
2,073,600개 픽셀의 색을
모두 다 다르게 칠해서
사진처럼 보이게 하죠.

게임, 영화, 애니메이션 등 동영상은
픽셀들 색이 계속 빠르게 변하면서
움직이는 그림을 나타내는 작업을
바로 GPU의 코어들이 하는 거죠.

인간의 눈은 이 픽셀들을 진짜 이미지처럼 받아들이죠.
또 글자나 이미지 뿐만이 아니라 소리, 동영상 등
모든 디지털 데이터는 결국 0과 1로 변환이 돼요.

디지털 세상을 이루는 이 '0'과 '1'. 즉, 바이너리 코드가
바로 컴퓨터가 이해할 수 있는 '**기계어***'인 거죠.

---

*   **기계어** : 2진수(바이너리)로 구성된 컴퓨터 CPU가 이해하고 실행할 수 있는 언어

소프트웨어

000001 0 0 0 1 0 0 0 0 0

Bit flip

0

---

*   **Bit flip** : 메모리 상의 하나 혹은 그 이상의 비트가 0에서 1이나 1에서 0으로 바뀌는 현상으로 메모리의 정보가 실제와 다르게 저장되어 발생할 수 있다. Bit flip은 일반적으로 반도체 자체나 트랜지스터의 결함, 전파장애, 고온 고습 등에 의해 발생하며, 하드웨어와 소프트웨어 모두에 악영향을 미칠 수 있다.

※   토요타 급발진 사고의 원인 규명은 미국의 SW 컨설팅 업체 Barr 그룹에서 밝혀냈다. 상세 내용은 보고서(https://www.safetyresearch.net/Library/BarrSlides_FINAL_SCRUBBED.pdf)에서 확인할 수 있다. 메모리의 Bit flip으로 스로틀 밸브(공기와 연료를 투입하는 개폐장치)의 오류를 예방할 수 있는 Task들이 우선순위에 밀려 수행되지 않았음이 원인으로 밝혀졌다.

로우레벨(저수준)* 까지 알아야 하고
수작업이 빈번한 야생의 언어

파이썬이나 JS** 처럼
트렌디한 언어의 세상.
스윗함과는 거리가 멀고 배우려는
인간에게 거칠고 투박하기만 한
마초 같은 언어

---

*　　저수준 (Low Level) : 하드웨어(CPU, RAM 등) 계층을 의미한다.

**　　JS : 자바스크립트

*   **GCC(GNU Compiler Collection)** : 가장 많이 사용되는 커맨드 라인 기반의 컴파일러. C 나 C++ 등 언어를 지원한다.

※　　C언어는 1972년에 최초로 Release 되었다.

소프트웨어

* 　　포인터 : C 언어의 포인터는 다른 변수의 메모리 주소를 저장하는 변수로. 메모리 위치를 직접 조작할
　　　　수 있기에 효율적이고 유연한 프로그래밍이 가능하다.

** 　　Heap : 데이터 구조와 변수 저장을 위해 동적으로 할당되는 RAM의 메모리 영역이다.

※ 　　Malloc은 런타임 중에 메모리를 동적으로 할당하는 C 언어의 함수이며, free는 malloc으로 할당된
　　　　메모리를 해제시켜서 메모리 누수를 방지하는 함수이다.

저 C 언어는 컴파일 언어입니다.

---

*   **메모리 오버플로(memory overflow)** : RAM 내 할당된 메모리 블록 범위를 넘어서 메모리에 액세
      스하려고 할 때 발생할 수 있는 에러를 말한다.

오랜만에…

AM 10:40

```
$ gcc Ccoding.c -o Ccoding
```

C언어 만졌더니
역시 복잡하네

인간이 저를 통해 작성한 소스 코드는 컴파일[*]되어야
반도체들이 읽고 실행할 수 있는 실행 파일(Executable)로 변환될 수 있죠.

---

* **컴파일(Compile)** : 프로그래밍 언어로 작성된 소스 코드를 기계어로 변환하는 과정을 말한다. 컴파일러(Compiler)는 소스 코드를 읽어 기계어로 변환하고, 이를 실행할 수 있는 실행 파일을 생성하는 빌드의 절차 중 하나이다.

이렇게 변환된 결과물이 바로

※   C 언어는 컴파일러를 통해 어셈블리 코드가 되고 어셈블리 코드는 다시 어셈블러를 거쳐서 오브젝트
코드가 된다. 그리고 링커를 통해 필요한 실행 파일의 형태를 갖추고, 코딩부터 컴파일 이후 모든
작업을 IDE 내에서 다 끝낼 수 있다.

'실행 파일(Executable)'이죠.

이렇게 컴파일러를 통해 인간이 읽을 수 있는 코드를
기계가 읽을 수 있는 코드와 실행 파일로 만드는 언어를

컴파일 언어(Compiled Language)라고 합니다.

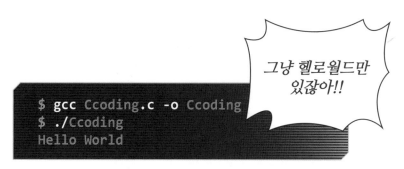

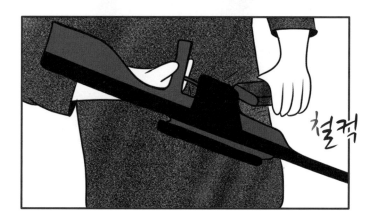

★ **어셈블리어** : 저수준 프로그래밍 언어. 프로세서가 이해하고 실행할 수 있는 기호로 구성된 기계어에
   가까운 코드. 각 프로세서(CPU) 아키텍처의 차이로 어셈블리어의 문법도 제품마다 다르다.

소프트웨어

인터프리티드 언어 — 쪽대본 작가! 파이썬

프로그래밍을 드라마에 비유하면 프로그래밍 언어는 작가,
작가의 시나리오가 기계어로 변환된 실행 파일이 대본이야.

※   정확한 비유는 C와 같은 언어를 통해 프로그램을 작성하는 인간 개발자가 작가

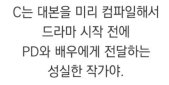

C는 대본을 미리 컴파일해서
드라마 시작 전에
PD와 배우에게 전달하는
성실한 작가야.

저…. 여기
대본 갖고
왔어요.

응?
대본?

아직 작업
안 했는데?

하지만 파이썬은 코드를
컴파일러에 미리 돌려서
기계어 변환을 시키지 않아.

소프트웨어

실행 파일을 미리 만들지 않고 런타임* 중에
인터프리터로 자동으로 변환시키거든, 즉….

대본을 미리 주지 않고 드라마를 촬영하면서
다음 편 촬영 직전에 쪽대본을 주는 작가야.

C처럼 기계어로 된 실행 파일을 미리 만드는 언어가
컴파일드(Compiled) 언어라면

Language	Compiled/Interpreted	Major Compiler/Interpreter
C	Compiled	GCC, Clang, Microsoft Visual C++
C++	Compiled	GCC, Clang, Microsoft Visual C++
Java	Compiled	OpenJDK, Oracle JDK
Swift	Compiled	LLVM
Kotlin	Compiled	Kotlin Compiler
Go	Compiled	Go Compiler
Rust	Compiled	Rustc
Python	Interpreted	CPython, PyPy, Jython
JavaScript	Interpreted	V8, SpiderMonkey
PHP	Interpreted	Zend Engine
Ruby	Interpreted	MRI, JRuby
Perl	Interpreted	Perl Interpreter
R	Interpreted	R Interpreter
Lua	Interpreted	Lua Interpreter

[표 9] 컴파일드(Compiled) 언어와 인터프리티드(Interpreted) 언어

파이썬처럼 인터프리터가 소스 코드를 한 줄씩 변환시키며
즉각 실행을 하는 언어를 인터프리티드(Interpreted) 언어라고 불러.

※ 두 기준의 분류가 불명확한 경우도 있을 수 있다. 예를 들어 Java의 경우 Compiled 언어지만 컴파일 산출물인 바이트 코드는 런타임 도중 JVM에 의해서 interpreted된다.

C는 '변수 메모리 타입'과 '메모리 관리'도
컴파일 전에 코딩할 때 작성해야 하는 언어야.

우리 C 작가님은
대본도 미리
주시지만

시청자 반응에 따라
좌우되지 않는
그 대본의 우직함이
더 좋았습니다.

드라마 종방 기자회견

그래서 런타임 중에 프로그램 동작이
예측 가능하고 에러 발생 가능성이 적지.

이런 언어가 정적(Static) 언어야

반면 파이썬은… C와는 달리

파이썬은 해당 설정을 런타임 중 인터프리터가 자동으로 처리하거든.
그래서 하드웨어들의 처리 작업량이 많아서 성능이 저하될 수 있어.

---

*   **Overhead** : 작업을 완료하는 데 필요한 최소 요구사항을 넘어서는 작업처리, 계산 또는 메모리 사용
      등에 따른 RAM, CPU 등 하드웨어 리소스의 성능 저하 현상. 그러나 최근에는 최적화된 설계로 오버
      헤드가 있더라도 그 영향은 적은 편이다. 만화에서는 정적 언어와의 비교를 위하여 영향이 큰 것처럼
      과장을 하였다.

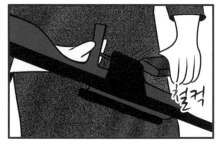

파이썬은 또 런타임 중 해당 설정들이 자동으로 정의되다 보니 상황에 따라 설정이 바뀔 수도 있는 유연한 언어야.

이런 유연성을 갖춘 작품을 촬영할 때면 항상

대신 유연한 만큼 런타임 중 예측하지
못한 에러가 발생할 확률이 더 높지.
이런 언어를 동적(Dynamic) 언어라고 해.

구분	정적 언어	동적 언어
기계어 변환	인간에 의한 컴파일 작업 및 기계어로 변환된 실행 파일 필요	인간에 의한 컴파일 작업 불필요. 인터프리터를 통한 자동 변환
유연성	컴파일 전 작성한 코드는 변경되지 않고 안정적임	빠르고 유연한 코드의 작성 가능
메모리	직접 인간 개발자에 의한 메모리 관리 코드의 작성 및 메모리 구조의 이해 필요	자동 메모리 관리(Garbage collection)로 인하여 인간 개발자의 메모리 관리를 위한 역할 불필요
작성 난이도	하드웨어의 이해가 요구되며 복잡한 문법 구조와 비교적 읽기 어려운 코드. 비교적 느린 코드의 동작 검증	간결한 문법 작성 및 읽기 쉬운 코드, 빠른 코드 동작의 확인 및 검증 가능
퍼포먼스	정적인 코드와 사전 컴파일로 실행 속도 빠른 편	런타임 오버헤드로 비교적 실행 속도 느린 편

[표 10] 정적 언어와 동적 언어의 비교

인기가 최정상!!

인간들 특히 주니어 개발자에게 인기가 많은데 그 이유는

왜 이렇게 힘들어 하세요?

C로 코딩하는데 포인터가 너무 어려워요.

그러면 파이썬으로 코딩 한 번 해보세요.

어려운 건 제가 쟤들 보고 하라고 다 떠 넘기면 되니까.

쉽거든! 하드웨어들이 힘들다는 것은 그만큼 인간 개발자들이 편하게 코딩을 할 수 있다는 뜻.

잠깐! 방금 반도체 사이에 분명히….

파이썬의 저 눈빛이 바로
내가 그를 싫어하는 이유다.

내려다보는 거만한 표정
그리고 작게 읊조리는
입 모양이 나타내는 말….

파이썬은 어느 날 갑자기 컴퓨터에 설치가 됐어.

※   파이썬은 https://www.python.org/downloads/ 에서 인터프리터와 라이브러리를 다운로드 및
설치 후, IDE 또는 Editor를 통해 코딩을 시작할 수 있다.

소프트웨어

왜왜
오는 거지?

갑자기?

파이썬은 내려와서 우리 쪽으로 다가왔다.

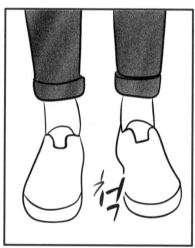

아직도
오고 있냐?

느려
터졌네!

쭈꾸미,
너 기다리다 갔다.

소프트웨어

소프트웨어

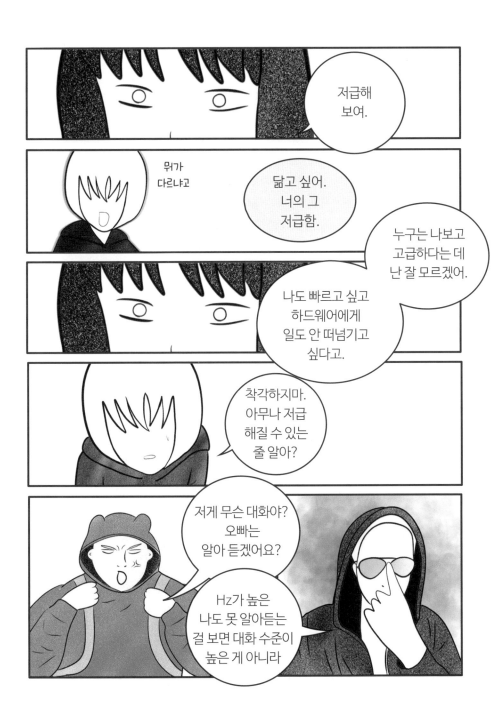

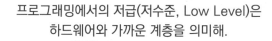

프로그래밍에서의 저급(저수준, Low Level)은
하드웨어와 가까운 계층을 의미해.

언어의 차이 때문이다. 저들의 언어와 우리의 기계어가 다른데

우리가 어떻게 저들의 대화를 알아 들을 수 있겠나?

나도 쟤네들하고 수준 낮게 놀고 싶어.

뭐? 우리가 수준 낮아?

못 알아 듣는다며?

쭈꾸미 다시 왔네.

즉, 하드웨어를 직접 제어하는 언어인
기계어나 어셈블리어를 저급 언어라고 불러.

소프트웨어

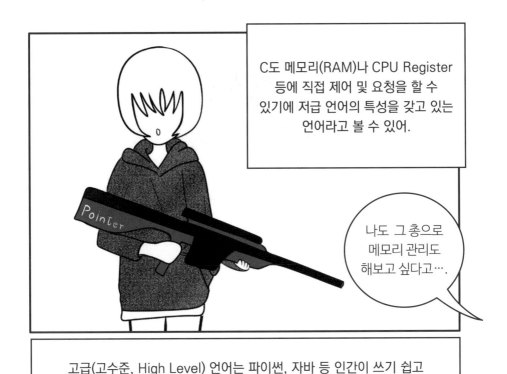

C도 메모리(RAM)나 CPU Register 등에 직접 제어 및 요청을 할 수 있기에 저급 언어의 특성을 갖고 있는 언어라고 볼 수 있어.

나도 그 총으로 메모리 관리도 해보고 싶다고….

고급(고수준, High Level) 언어는 파이썬, 자바 등 인간이 쓰기 쉽고 하드웨어를 직접 제어할 필요가 없는, 인간과 가까운 계층의 언어를 의미해.

우긴다고 다 되는 게 아냐! 너와 나는 사용 목적이 달라!

너는 내가 부적합한 곳에 사용이 되기 위해서 만들어졌다고.*

나를 닮으려고 하지 말고 너가 하던 일을 계속 하라고! 원래 하고 있던 일이 뭔데?

내가 원래 하고 있던 일은….

*   파이썬 창시자 귀도 반 로섬(Guido van Rossum)은 2000년 〈리눅스 저널〉과의 인터뷰에서 다음과 같이 말했다. "C는 속도와 메모리 제한이 엄격한 분야에서 유용하지만 그렇지 않다면 스크립트 언어를 메모리 관리자와 함께 사용하는 것이 귀중한 인적시간을 절약할 수 있는 실용적인 방법이라고 생각한다." (https://www.linuxjournal.com/article/3882)

소프트웨어

윈도우, iOS, 안드로이드

→ 본문 104쪽 참조

일반인에게 익숙한 OS는 윈도우, iOS, 안드로이드가 있다.

다양한 운영체제(OS)용 어플리케이션은 각 OS의 사양, 프로그래밍 언어, 인터페이스 및 API에 따라 개발되어야 한다. 특정 OS용으로 개발된 앱은 다른 OS에서 수정 없이 작동하지 않을 수 있다. 개발자는 대상 플랫폼(OS)을 고려하여 어플리케이션을 개발해야 하며, 각 OS의 고유한 기능과 API를 활용하여 최적의 사용자 경험을 제공해야 한다. 또한 각 OS마다 앱 개발 및 배포에 대한 요구사항이 다르며, iOS와 안드로이드 등의 운영체제는 각각 엄격한 지침과 검토 프로세스를 가지고 있다.

소프트웨어

최초의 프로그래머

최초의 프로그래머는 누굴까? 19세기 미국이나 유럽 어디의 괴짜 남자가 아닐까? 하는 고정관념이 있는데, '에이다 러브레이스(Ada Loverace)'라는 19세기의 영국 여성이다.

그는 특정 수열 규칙을 계산하는 알고리즘과 코드를 고안했고, 그 문법들은 현대의 코드에도 그 흔적이 남아 있다. 더 대단한 것은 당시 증기로 작동하던 세계 최초의 컴퓨터에서 돌아가게 하려고 작성한 코드들인데 그 컴퓨터가 만들어지지 않아서 설계도만 보고서 작성한 것이라고 한다. 이것이 현재까지 알려진 최초의 컴퓨터 프로그램이고, 에이다 러브레이스는 인류 최초의 프로그래머라고 할 수가 있다.

우리가 흔히 사용하는
'메가바이트'는 정확하지 않다

컴퓨터 데이터 용량이나 파일 크기를 표현할 때 흔히 사용하는 '킬로', '메가', '기가'는 사실 컴퓨터 시스템에 적합하지 않다. 이는 컴퓨터에서 데이터가 2진법으로 저장되기 때문이다. 예를 들어, 1KB는 일반적으로 1,000바이트로 이해되지만, 컴퓨터 내에서는 2^{10}인 1,024바이트이다. 그러나 이런 10진수 체계의 접두사들은 이미 일상에서 널리 사용되고 있으므로 컴퓨터 시스템에도 그대로 사용되고 있다.

측정 단위	표기방식	바이트 용량	거듭제곱
1kilobyte(KB)	2진법	1,024 bytes	2^{10}
	10진법	1,000 bytes	10^{3}
1megabyte(MB)	2진법	1,048,576 bytes	2^{20}
	10진법	1,000,000 bytes	10^{6}
1gigabyte(GB)	2진법	1,073,741,824 bytes	2^{30}
	10진법	1,000,000,000 bytes	10^{9}
1terabyte(TB)	2진법	1,099,511,627,776 bytes	2^{40}
	10진법	1,000,000,000,000 bytes	10^{12}
1petabyte(PB)	2진법	1,125,899,906,842,624 bytes	2^{50}
	10진법	1,000,000,000,000,000 bytes	10^{15}

[표 11] 데이터 측정 단위

디지털과 아날로그

→ 본문 133쪽 참조

디지털 세계에서는 모든 정보가 디지털 데이터로 변환되어 효율적으로 저장, 전송, 공유된다. 하지만 이는 현실 세계의 아날로그 데이터를 디지털 형태로 모사한 것일 뿐이다.

아날로그 데이터를 디지털화하려면 연속적인 정보를 이산적인 디지털 데이터로 변환해야 한다. 예를 들어 사람의 노래는 연속적인 음파로 존재하지만, 디지털 장치에서 녹음하면 일정 간격의 샘플 값으로 나뉘고 2진수로 변환된다. 그러나 아무리 정교한 디지털 기술을 사용해도 실제 아날로그 소리를 완벽하게 대체할 수 없다.

C 언어는 왜 'C'인가?

→ 본문 147쪽 참조

1969년 벨 연구소의 케네스 톰프슨은 'B' 언어를 개발했으나, 제한 사항으로 인해 더 크고 복잡한 프로그램을 작성하는 데 한계가 있었다. 그래서 톰프슨의 동료인 데니스 리치와 브라이언 커니핸은 B를 개선하여 1972년에 'C' 언어를 출시하게 되었다. C는 B보다 강력하고 유연하게 설계되었으며, 이름 역시 B의 후속임을 알리는 의미로 C라고 지어졌다. 참고로 'A' 라는 언어는 없다('D' 언어는 존재한다).

저,
72년생인데…

언어별 레벨 분류

→ 본문 167쪽 참조

C, C++, Go, Rust는 High-Level과 Low-Level 특성을 다 갖고 있기 때문에 Mid-Level로 표현을 했다. 이 언어들은 Low-Level 측면에서 하드웨어에 직접 액세스하고 시스템 프로그래밍에 적합한 것은 사실이지만 인간에게 친화적인 High-Level 측면도 많다.

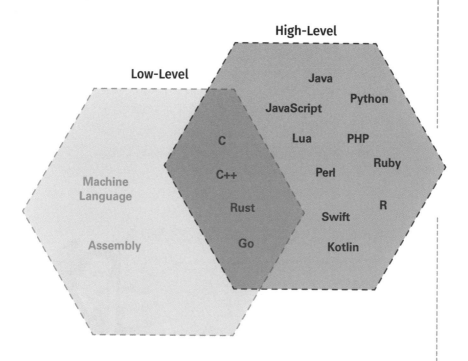

컴파일러를 처음 만든 사람

→ 본문 153쪽 참조

컴파일러의 개념을 처음 만든 사람이 누구일까? 바로 어메이징 그레이스라 불리는 미국의 프로그래머이자 해군 제독인 **그레이스 하퍼**(Grace Hopper)다. 그레이스 하퍼는 컴퓨터 과학과 프로그래밍에 지대한 업적을 남겼다.

컴파일러의 개념을 최초로 창안 : 2차 대전 낭시 해군에서 복무하던 그는 1952년에 세계 최초로 컴파일러를 개발하였다.

프로그래밍 언어 코볼의 창안 : 1960년 프로그래밍 언어 코볼(COBOL)을 개발하였다.

버그와 디버그 용어의 창안 : 1947년, 하퍼는 컴퓨터의 오작동 원인을 찾아보니 릴레이에 나방이 끼어 있었다. 이 사례를 "First actual case of bug being found"라고 기록하며, 프로그래밍에서 '버그'라는 용어를 처음 사용했다. 또한 버그를 수정하는 '디버깅'이라는 표현도 그가 최초로 사용했다.

컴파일드 언어 ≈ 정적 언어
인터프리티드 언어 ≈ 동적 언어

아래 표를 보면 실행 방식이 Compiled 언어의 경우는 그 유연성이 정적 언어인 경우가 대부분이고, 실행 방식이 Interpreted 언어의 경우에는 마찬가지로 Dynamic 언어인 경우가 대부분이다. 하지만 경우에 따라 두 기준이 모호한 부분도 있을 수 있다.

Language	Compiled / Interpreted	Static / Dynamic
C	Compiled	Static
C++	Compiled	Static
Java	Compiled	Static
Swift	Compiled	Static
Kotlin	Compiled	Static
Go	Compiled	Static
Rust	Compiled	Static
Python	Interpreted	Dynamic
Javascript	Interpreted	Dynamic
PHP	Interpreted	Dynamic
Ruby	Interpreted	Dynamic
Perl	Interpreted	Dynamic
R	Interpreted	Dynamic
Lua	Interpreted	Dynamic

[표 12] 프로그래밍 언어의 유연성 및 실행 방식

웹 창시자의 고백

가끔 URL 입력할 때 슬래시 2개 때문에 헷갈렸던 적 있을 것이다.

HTTPS :// 이거였었나?
HTTPS // : 이거였었나?

그런데 HTTP와 URL 그리고 WWW를 창시한 웹의 아버지 '팀 버너스리(Tim Berners-Lee)'는 이런 고백을 했다. 사실 슬래시 2개 없어도 잘 되고, 없는 것이 더 깔끔하다고 말이다.
그렇다면 도대체 왜 웹 주소 입력창에 슬래시 2개가 있는 것일까?
어떤 프로토콜이거나 의미가 있는 것 아닐까? 왜 만든 것일까?
버너스리는 이렇게 고백했다. "그땐 붙이는 게 괜찮아 보였어요"
그렇다. 슬래시 없이 "HTTPS:www.google.com" 이렇게 입력해도 된다.

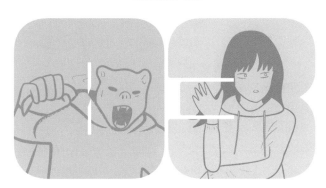

프로그래밍

※   인터넷은 세계적인 정보 통신망이고, 웹은 인터넷을 기반으로 정보를 검색하고 공유하는 서비스다.

*　멀웨어(Malware) : 악성코드를 갖고 있는 SW로, 컴퓨터나 네트워크를 감염시켜 정보를 탈취하거나 기능을 제한/손상시키는 등의 해동을 하게 만든다.

프로그래밍

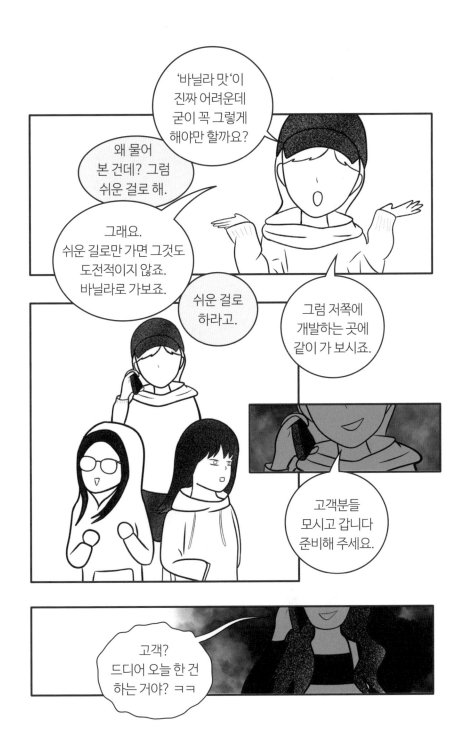

프로그래밍

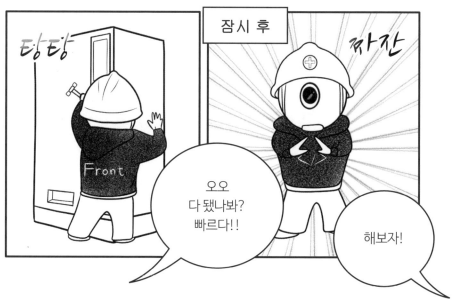

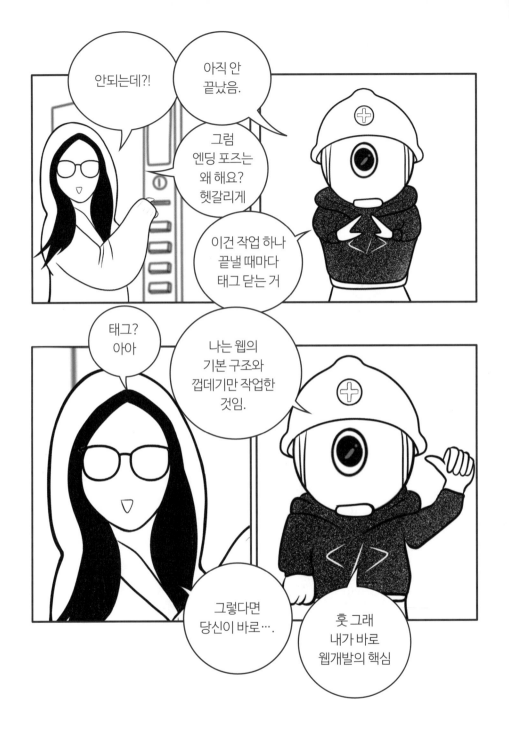

프로그래밍

※ HTML은 HyperText Markup Language의 약자다.

프로그래밍

HTML이 텍스트와 이미지로 웹 페이지의 구조를 만드는 것이라면,

CSS는 HTML로 만든 기본 구조를 시각적으로 보기 좋게 꾸미는 것이다.
구성을 예쁘게 디자인하거나, 이미지들에 슬라이더를 적용해서
자동으로 넘어가게 하거나, 특정 컴포넌트에 마우스를 올리면 세부내용을
보여 주는 등 다양한 요소를 적용할 수 있다.

〈HTML만 작성했을 때〉 〈CSS를 추가했을 때〉

 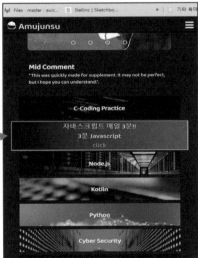

위 페이지의 '자바스크립트 기초실습!!' 컴포넌트에 마우스를 올리면
"자바스크립트 매일3분!!" 등의 세부내용들이 나오게 되는데,
여기서 'click'을 눌러도 작동을 하지 않아. CSS까지,
즉 껍데기만 구현되어 있기 때문이다.

우리 사장, 요즘 사업을 문어발처럼 확장하고 있어.
특히 '서버' 일에 지금 푹 빠져 있다니까.

프로그래밍

* **JS의 서버 쪽 언어로의 확장** : JavaScript는 주로 웹의 프론트엔드 개발에 활용이 되었으나 2009년 Node.js라는 런타임 환경을 통해 백엔드 서버 측 개발도 가능해졌다. 초창기에는 많은 관심을 받지 못했지만, 빠른 속도와 높은 성능, 그리고 JS를 프론트엔드와 백엔드에 모두 적용할 수 있다는 강점으로 현재는 서버용 언어로 많이 활용되고 있다.

개발 영역	활용 기술 (런타임 환경, 라이브러리, 프레임워크 등)
웹 프론트엔드(Client)	Vanila, React, Angular, Vue
웹 백엔드(Server)	Node.js, Express, Nest
PC 어플리케이션	Electron
Mobile 어플리케이션	React Native
Game 개발	Phaser, Three.js
머신러닝	TensorFlow.js, Brain.js
데이터 시각화	D3.js, Cytoscape.js

[표 13] JavaScript의 다양한 개발 영역별 활용 기술

프로그래밍

*   **바닐라 JS** : 앞에 '바닐라'가 붙은 것이 아이스크림 중 기본 맛인 바닐라 아이스크림에서 유래되어 프로그래밍 맥락에서도 활용되었다고 받아들여지고 있다.

라이브러리와 프레임워크는 둘 다 이미 작성된 코드를 활용해서
개발 효율성을 높여주는 도구야. 그래서 개발 속도가
더 빨라지고 더 쉽게 기능을 구현할 수가 있어.

---

* SPA(Single Page Application) : 웹 페이지의 구조 중 하나로 사용자가 원하는 행동을 할 때 (댓글을 보거나, '좋아요' 버튼을 누르거나) 전체 페이지를 다시 로딩하지 않고 특정 부분만 변경사항을 로딩해서 빠르고 부드러운 사용자 경험을 제공한다. 유튜브 댓글을 선택하면 전체 페이지나 영상은 변화가 없이 댓글 부분만 로딩되는 것이 그 사례이다.

다음으로 프레임워크는 소프트웨어 개발을 위한 규칙, 가이드, 개발 재료, 개발 도구까지 제공하는 '전문 개발 키트'라고 할 수 있어.

쇼핑몰은 너무 구현할 게 많아서 그냥 프레임워크를 따라서 개발을 해볼까 하고

NPM* 몰에서 Angular** 개발 키트를 주문했지.

이제, 이 설계 매뉴얼의 규칙과 가이드를 일관되게 따라서 개발하면 되겠어.

* **NPM(Node Package Manager)** : Node.JS 기반의 모듈을 관리 및 설치하는 도구로 이를 통해 Angular CLI가 설치되고, Angular CLI에서 Angular 프로젝트를 생성한다.

** **Angular** : 구글에서 개발한 오픈소스 프론트엔드 웹 개발 프레임워크의 한 종류. SPA 웹 사이트 개발에 주로 사용된다. 일관된 구조와 규칙을 준수하여 개발하면 코드 유지보수성이 좋아지고, 효율적인 개발이 가능하다.

Angular 같은 프레임워크는 처음부터 그 규칙대로 개발하는 것이 좋아.
그런데 만약 내가 바닐라 JS와 라이브러리로 개발하던 사이트가 이미 있고
꽤 진행된 상태면 다시 처음부터 개발하는 것이 비효율적일 수도 있어.

웹 개발에서 사용자가 보고 조작할 수 있는 웹 서비스의 겉모습이 '프론트엔드'죠? 앞에서 본 HTML, CSS, JS 그리고 여러 라이브러리와 프레임워크를 써서 만들어요.

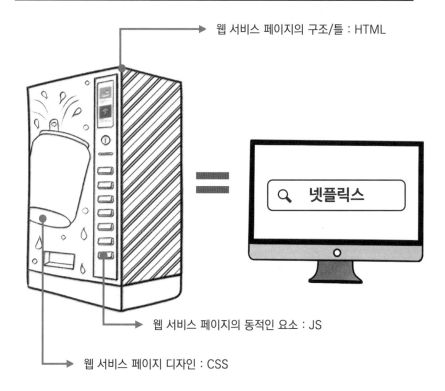

웹 서비스 페이지의 구조/틀 : HTML

웹 서비스 페이지의 동적인 요소 : JS

웹 서비스 페이지 디자인 : CSS

사용자는 브라우저를 통해 프론트엔드에서 다양한 요청을 백엔드로 보내는데, 이 브라우저 또는 브라우저를 통해 요청을 보내는 사용자의 컴퓨터를 '클라이언트'라고 해요.

반면 '백엔드'는 클라이언트의 요청을 받아 서비스를 제공하는
사용자 눈에 보이지 않는 뒷 단의 영역이고, 그 프로그램
또는 그 프로그램을 운영하는 컴퓨터를 '서버' 라고 하죠.

웹(Web) 서버 : 클라이언트가 요청한 정적 데이터(초기 페이지 화면 등)
를 제공하고 동적 데이터 요청을 어플리케이션 서버로 전달

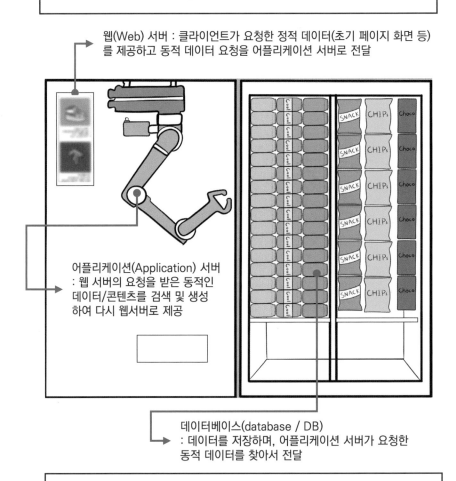

어플리케이션(Application) 서버
: 웹 서버의 요청을 받은 동적인
데이터/콘텐츠를 검색 및 생성
하여 다시 웹서버로 제공

데이터베이스(database / DB)
: 데이터를 저장하며, 어플리케이션 서버가 요청한
동적 데이터를 찾아서 전달

위의 그림은 자판기 문을 연 모습이죠. 또 이 자판기 사례로는
프론트엔드(클라이언트)와 백엔드(서버) 관계의 설명을 하는 것이
조금 부족해서 다음 장에 더 구체적인 그림을 그려봤어요.

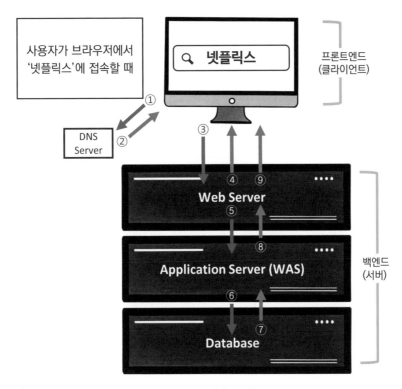

① 클라이언트는 '넷플릭스'의 IP 주소를 DNS 서버에 요청

② DNS* 서버는 해당 IP 주소를 클라이언트에 회신

③ 클라이언트는 해당 IP로 HTTP** 요청을 보냄

④ 요청을 받은 Web 서버는 정적 콘텐츠(페이지 화면 등)를 바로 회신

⑤ Web 서버는 동적인 콘텐츠(드라마, 영화 등 사용자 선택 데이터) 요청은 서버 Application(이후 WAS)에게 전달

⑥ WAS는 database(이후 DB)에 해당 동적 콘텐츠인 쿼리를 전달

⑦ DB는 쿼리에 대한 데이터를 찾아 WAS에 전달

⑧ WAS는 받은 데이터를 클라이언트에 맞추어 가공 후, Web 서버로 전달

⑨ Web 서버는 해당 데이터를 클라이언트로 전달

---

*　　　DNS(Domain Name Service) : 인터넷에서 도메인명과 IP 주소를 변환해주는 서비스

**　　HTTP(HyperText Transfer Protocol) : 인터넷에서 웹 페이지를 볼 때 쓰이는 데이터 전송 규칙

Web Server는 Apache와 NGINX가 가장 유명해요. 둘이 합쳐서 시장 점유율 50~60%* 이상 차지하죠.

아주 둘이 다 처먹네.

시장 거덜 낼라.

Application Server는 'Server Program'의 방식 중 한 가지 사례인데, 프레임워크를 활용해서 다른 방식으로도 'Server Program'을 구현할 수 있죠.

Server Program	미들웨어 / 플랫폼	어플리케이션/컴포넌트
Application Server (WAS) 활용	– Tomcat – Jboss – GlassFish – WebSphere – JEUS	– JS – Servlet – EJB – JPA
Framework 활용	– Django, Flask (Python) – Ruby on Rails (Ruby) – Spring (Java) – Laravel, Symphony (PHP)	
Runtime 활용	– Express (Node.js)	

[표 14] Server Program 구현 유형

* 웹 서버 시장 점유율 자료 : https://w3techs.com/technologies/overview/web_server

다음은 database(DB)를 보죠. DB는 데이터를 보관하는 장소, 그 자체를 말하고 실제 DB의 data를 관리하는 작업은 DBMS* 에서 이루어지죠. 그때 활용하는 언어가 바로 SQL** 이에요.

DB는 이렇게 테이블로 데이터를 관리하는데요

id	name	age
1	CPU	128
2	RAM	64
3	OS	32

SQL 코드로 위 테이블에 데이터의 삽입을 한번 해 볼게요.

```
INSERT INTO users (name, age) VALUES ('GPU', 256);
```

id	name	age
1	CPU	128
2	RAM	64
3	OS	32
4	GPU	256

이렇게 테이블 형태로 데이터를 보관하고 SQL로 관리하는 DBMS를 RDBMS***라고 불러요. 그리고 대표적인 RDBMS로 '오라클 데이터베이스'와 'MySQL'이 있죠.

---

*　　DBMS : DataBase Management System

**　　SQL : Structured Query Language

***　RDBMS : Relational DataBase Management System (관계형 데이터베이스 관리 시스템)

RDBMS의 반대되는 개념으로 <u>NoSQL DBMS</u>가 있어요.
'Not only SQL'의 약자이지만, SQL을 사용하지 않기
때문에 ' No! ' SQL이라고 생각하셔도 뜻은 통해요.

No
SQL!!

No
SQL!!

SQL
Go Home!

```
{
    name: 'CPU',
    age: 128,
    email: 'cpu@example.com'
},
{
    name: 'RAM',
    age: 64,
    email: 'ram@example.com'
}
```

NoSQL에는 대표적으로
MongoDB가 있는데요.
MongoDB는 옆의 코드처럼
테이블이 아닌 JSON* 형태로
데이터를 저장하죠.

JSON 형식의 NoSQL은
테이블 형식의 RDBMS 보다
데이터의 CRUD**작업에
더 편리하죠.

---

*   JSON(JavaScript Object Notation)은 JS의 객체 데이터 형식인데 지금은 다양한 IT 분야에서 데이터 교환 형식으로 사용되고 있다. 사람과 기계 모두 이해하기 쉬운 텍스트 형태로 데이터를 표현할 수 있다.

**   CRUD : DB 작업의 4가지 기본 기능의 약자. Create, Read, Update, Delete

프로그래밍

API는 프로그램간 데이터, 기능의 요청을 위한 중간 매개체야.
이 '쇼핑몰' 사이트에서 페이 회사의 '결제시스템'에 결제
기능의 대행을 요청할 때 필요한 '중간 역할을 하는 코드'지.
API 그 자체에는 어떤 기능을 위한 코드나 함수가 없어.

상점의 카드리더기가
그 자체로 결제 기능이
있는 것이 아니라 통신을
통해 카드사에서 결제가
되도록 하는 것과 같아.

자판기에 API를
갖다 붙이면 직접
기능을 구현하지 않고
간단하게 기능을
빌려 쓰는 거죠.

자, 어때요?
간단하죠?

*   러스트(Rust) : 메모리 안전성과 성능이 뛰어난 정적 언어로, C/C++를 대체하여 OS 개발에 많이 활용되고 있는 추세다.

프로그래밍

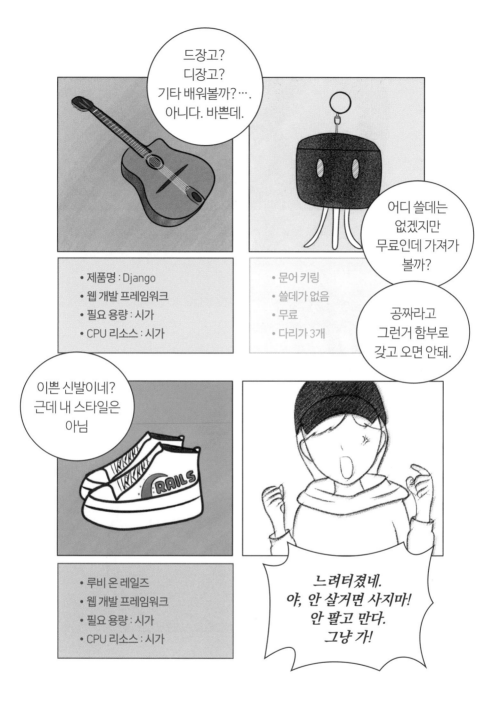

Https가 아닌 Http로 시작하는 주소의 사이트에선 금융거래나 개인정보를 입력하면 안됩니다.

https://example.com ⟶ OK

http:// example.com ⟶ No

느낌이 안 좋다면 사이트나 이메일 주소를 살펴보세요.

사칭 주소 계정은 com이 corn으로 쓰여져 있거나

Instagram
www.Instagram.corn

Username

소문자 'L' 대신 대문자 'I'를 써서 교묘하게 현혹 시키기도 합니다.

noreplly@kakao.com

KaKaO 계정

나는 지금 RAM의 가방 속을 헤매고 있다.
OS가 요청한 RAM의 메모리를 과도하게
사용하는 문제의 타깃 데이터를 찾기 위해서다.

괴물 따위가
이... 있을 리가?

Theme 2에서 'A' 한 글자만 저장하려고 해도 1바이트의 메모리 공간이
필요하다고 했지? 그러면 프로그램은
그보다 훨씬 엄청나게 많은 데이터를 저장할 것이다.

저장된 그 많은 데이터들은 다시 프로그램에서
사용되어야 하기에 CPU는 RAM이 보관을
하고 있는 데이터들을 읽어와서 처리한다.

야, RAM
데이터 빨리
안 주고 뭐하냐?
지금 프로그램 연산
명령 돌려야 해!

데이터들
어디 있는지
직접 찾아 봐요, 좀!
나 잘모르니까.
가방 엄청 무겁네

니 가방인데
니가 왜 몰라?

몰라~ 내 가방
데이터 보관이
개판으로 되어
있나 보지.

CPU가 데이터를 빨리 읽고 처리하려면 보관된
데이터의 구조가 효율적으로 설계되어야 하는데

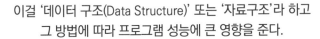

이걸 '데이터 구조(Data Structure)' 또는 '자료구조'라 하고
그 방법에 따라 프로그램 성능에 큰 영향을 준다.

와, 진짜네!
너 데이터를 왜
이렇게 개판으로
보관하는 거냐?

몰라요.

니 가방인데
니가 모르면
누가 아냐고?

모른다고!

아, 맞다! OS가
말한 니 가방 용량을
어떤 데이터가 그렇게
많이 차지하는지
그것도 모르지?

몰라요

햄버거 시킬 건데
버거킹 전화번호
너 모르지?

82-XXX-0324

그래서 내가 RAM 가방 속에 들어가서 데이터를 찾고 있었던 것이다.
평소 프로그램이나 데이터를 RAM 가방에서 꺼내왔었기에
나에겐 무척이나 쉬운 일이지.

※   데이터 구조의 설계는 RAM이 아닌 해당 프로그램을 개발하는 프로그래머들(백엔드)이 구현하는
부분이다. RAM은 단지 데이터들이 특정 데이터 구조에 맞추어 저장할 공간을 제공할 뿐이다.

RAM에는 컴퓨터에서 실행 중인 프로그램들 저마다의 데이터 영역이 생기고
각각의 데이터 구조를 지닌다.*

가장 흔한 데이터 구조는 '배열(Array)'이다.

---

*   OS 커널의 메모리 매니지먼트는 동시에 여러 프로그램이 실행되더라도 각 프로그램의 데이터 영역
    이 다른 프로그램에 의해 공간을 침범 당하거나 다른 프로그램에서 데이터를 이용할 수 없도록 관리
    할 수 있다.

'배열(Array)'은 동일 유형의 데이터가 왼쪽부터 나열되며,
인덱스*를 통해 원하는 요소에 빠른 접근이 가능하기에
특히 열람이나 조회를 위한 서비스에 잘 맞는다.

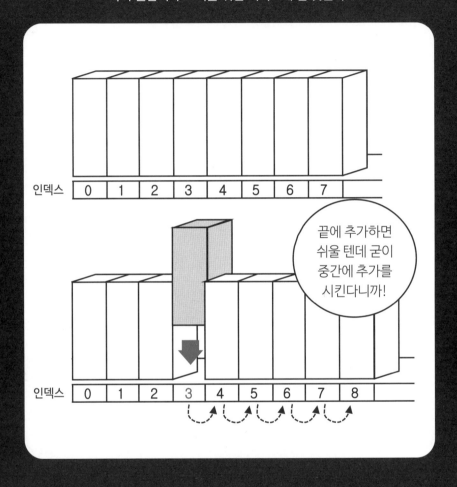

그런데 데이터 추가나 삭제가 빈번하게 일어나면, 해당 위치 이후의 모든 데이터를
이동시켜야 하기에 시간이 많이 소요되며 비효율적일 수 있다.

*　**인덱스(Index)** : 배열의 인덱스는 배열 내에서 각 요소의 위치를 나타내는 정수값이다. 인덱스는 보
　통 0부터 시작하여 1씩 증가하며, 각 요소에 대한 접근에 사용된다. 예를 들어, 배열의 첫 번째 요소는
　인덱스 0으로 접근할 수 있다.

'연결 리스트(Linked List)'도 많이 활용되는 구조다.
배열과 달리 데이터들이 RAM의 여러 곳에 흩어져 있지만,

이전 데이터가 그 다음 데이터를 포인터로 가리키고 있고, 필요 시 이 연결만
수정하면 되기에 수정이 빈번한 프로그램을 개발할 때 적합한 데이터 구조다.

다만 연결 리스트는 특정 데이터에 접근하려면
연결된 데이터를 처음부터 따라가야만 한다.

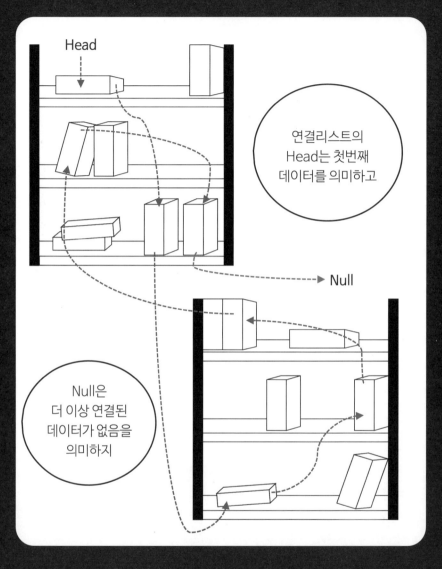

연결리스트의
Head는 첫번째
데이터를 의미하고

Null은
더 이상 연결된
데이터가 없음을
의미하지

그러한 과정에서 시간이 많이 소요가 될 수도 있기에
데이터의 조회가 잦은 프로그램에는 비효율적일 수 있다.

연결 리스트는 두 데이터 사이를 줄로 연결하는 것과 비슷하지.

이렇게 한 쪽을 먼저 연결하고 다른 한쪽을 찾아서 연결을…

여기 어디 줄의 다른 쪽 끝이….

주섬주섬

콱!!

찾았…

오잉? 너무 굵은데?

프로그래밍

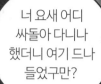

이번엔 '추상적 데이터 구조' 2개를 살펴보자.

우선 스택(Stack)은 데이터를 쌓는 구조로 가장 늦게 추가된 데이터가 가장 먼저 처리된다. 이를 LIFO(Last -in, First- out, 후입선출)라고 한다.

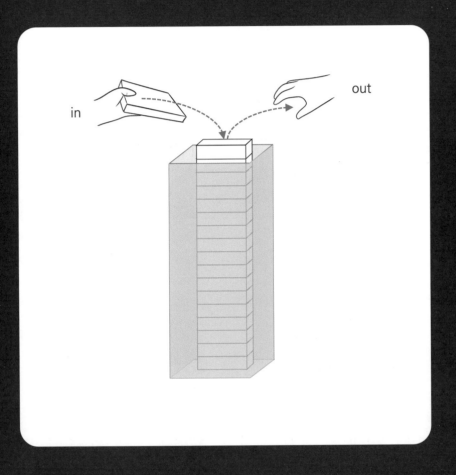

스택은 개념과 규칙만 맞는다면 어떤 방식으로 구현해도 된다.
보통 '배열'과 '연결 리스트' 등의 데이터 구조를 활용해 구현한다.
브라우저 뒤로 가기나, 문서 작성 시 되돌리기(Ctrl + Z) 기능 같은 경우가
스택의 사례이다.

프로그래밍

반면 큐(Queue)는 가장 먼저 추가된 데이터가 가장 먼저 처리된다.
이를 FIFO(First-in, First-out, 선입선출)라고 한다.

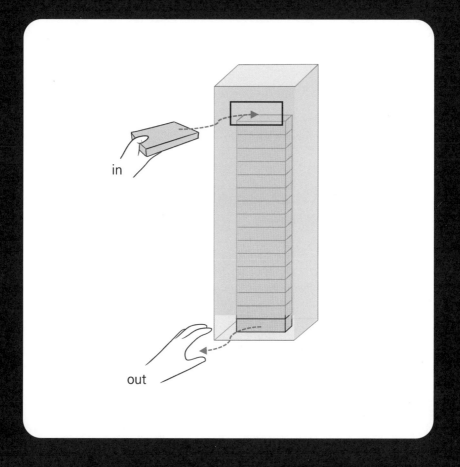

큐도 개념과 규칙만 맞는다면 어떻게 구현돼도 괜찮다.
역시 '배열'과 '연결 리스트' 등의 데이터 구조를 활용해 구현할 수 있다.
은행의 번호표 순 업무처리나
프린터에 요청된 순서대로 출력되는 것도 큐의 사례이다.

추가적인 데이터 구조에 대한 기본 내용은 시간이
남는다면 다음의 표에서 확인을 해보도록 하자.

카테고리	구조	정의	예시
추상적 데이터 구조 (개념적 형태)	스택 (Stack)	후입선출 구조로, 데이터가 쌓이는 구조	웹 브라우저 방문 기록, 문서 작업 시 되돌리기 `Ctrl` + `Z`
	큐 (Queue)	선입선출 구조로, 데이터가 순서대로 처리되는 구조	OS의 태스크 스케줄링, 스마트 프린터 작업 대기열, 콘텐츠 다운로드 대기열
	리스트 (List)	순서가 있는 데이터의 집합. 각 데이터가 다른 데이터와 연결되는 구조	연락처 목록, 업무 프로세스
데이터 구조 (문법으로 구현된 형태)	배열 (Array)	같은 타입의 데이터가 일렬로 나열된 구조	대부분 프로그램의 기본적인 데이터 구조. 문서 작업 시 텍스트, 이미지 작업의 픽셀 정보, 게임 캐릭터 및 아이템 정보 등
	연결 리스트 (Linked List)	각 노드가 다음 노드를 가리키는 구조, 데이터의 추가/삭제가 빠름	메모리 풀, 파일 시스템, 웹 브라우저 방문 기록, 음악 재생 플레이 리스트
	해시 테이블 (Hash Table)	해시 함수를 사용하여 데이터를 저장하고 검색하는 구조	파일 압축, 암호화 알고리즘, 웹 브라우저 캐시 메모리
	트리 (Tree)	계층적인 구조를 가지며, 데이터 탐색 및 검색에 적합	파일 시스템, 조직도

[표 15] 데이터 구조 유형

276

프로그래밍

하지만 알고리즘은 아님

뭐?! 왜?

아니, 그럼
알고리즘도 아닌데
내가 이걸 왜
먹고 있는 건데!!

닮았잖아.

이유는 구체성이나 명확성이 너무 떨어지기 때문이다.
가령, '조금씩', '잘 구워진', '적당량' 등의 모호한
표현들은 측정 가능한 표현으로 바뀌어야 할 것이다.

① 빵을 꺼내 접시 위에 놓는다.

② 상추를 빵에 깔고 토마토와 양파를 5cm 길이로
3조각을 올려 놓는다.

③ 80˚C의 불과 1cm 두께의 철제 프라이팬 상에서 3분
간 앞면을 그리고 2분 20초간 뒷면을 가열한 패티를 빵
위에 놓고 그 위에 치즈 1장을 얹는다.

④ 다시 그 위에 피클 3개를 얹는다.

⑤ 빵의 반대쪽 면에 햄버거 소스를 15gram × 2회를
2cm² 스푼을 활용하여 도포 후 햄버거를 덮어준다.

그리고 무엇보다 중요한 것은

프로그래밍

선형 검색 알고리즘

'데이터 구조'가 데이터의 효율적인 저장을 위한 구조라면 '알고리즘'은 데이터 구조를 활용해 문제를 해결하는 절차다.

우선 '선형 검색 알고리즘'은 배열의 좌측부터 원하는 값을 찾을 때까지 모든 데이터를 다 살펴보는 것이다.

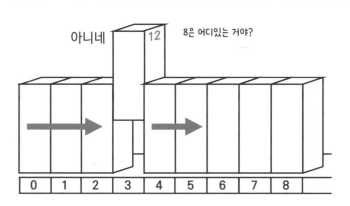

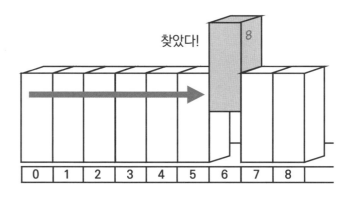

선형 검색 알고리즘은 구현이 간단하고 정렬도 필요 없다. 하지만 배열 내 데이터가 많아지면 시간이 매우 오래 걸린다.

이진 검색 알고리즘

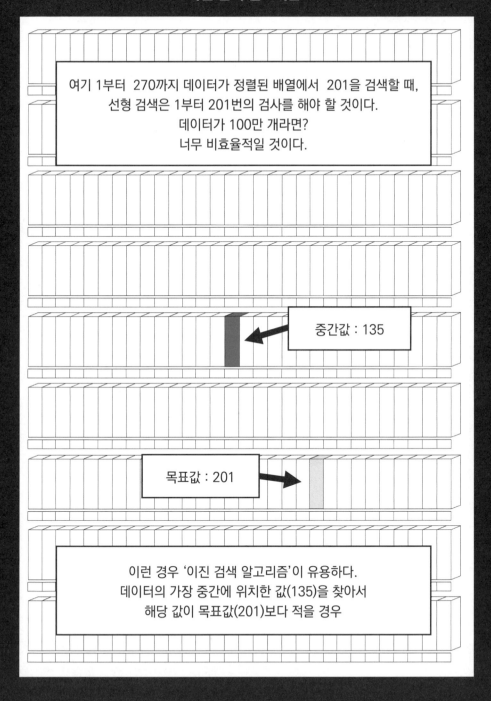

여기 1부터 270까지 데이터가 정렬된 배열에서 201을 검색할 때,
선형 검색은 1부터 201번의 검사를 해야 할 것이다.
데이터가 100만 개라면?
너무 비효율적일 것이다.

중간값 : 135

목표값 : 201

이런 경우 '이진 검색 알고리즘'이 유용하다.
데이터의 가장 중간에 위치한 값(135)을 찾아서
해당 값이 목표값(201)보다 적을 경우

중간값135부터 좌측 데이터는 다 배제시키는 것이다.

다시 남은 데이터인 136과 270의 중간값(203)을 검사하면
목표값(201)보다 크기 때문에
이번엔 중간값 오른쪽 데이터를 모두 배제시킬 수 있다.

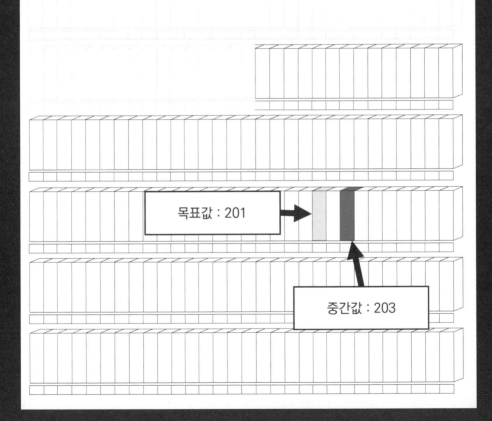

목표값 : 201

중간값 : 203

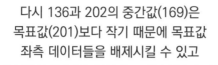

다시 136과 202의 중간값(169)은
목표값(201)보다 작기 때문에 목표값
좌측 데이터들을 배제시킬 수 있고

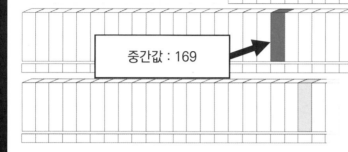

중간값 : 169

다시 170과 202의 중간값(186)은
목표값(201)보다 작기 때문에 목표값
좌측 데이터들을 또 배제시킬 수 있고

중간값 : 186

반복하면 단 8번의 시도에 목표값을 찾을 수 있다.
선형 검색의 201번의 시도와 비교하면 놀랍도록 빠르다.
데이터가 수백만이 넘을 경우 이진 검색은 매우 효율적이다.

단, 이진 검색은 반드시 데이터가 숫자 오름차순이나
알파벳 순서 등 먼저 정렬되어 있어야 한다. 그렇지 않으면
먼저 정렬 알고리즘을 적용 후 사용해야 한다.

기본적인 알고리즘의 종류는 다음과 같아.

알고리즘 종류		정의
검색	선형 검색	리스트에서 특정 값을 찾는 가장 간단한 검색 알고리즘으로, 처음부터 끝까지 차례대로 탐색하여 값을 찾음
	이진 검색	정렬된 리스트에서 값을 찾는 알고리즘으로, 리스트를 절반씩 쪼개면서 값을 찾음
	해시 테이블	키-값 쌍으로 데이터를 저장하는 자료구조로, 각 키에 대해 고유한 해시 함수를 통해 인덱스를 계산하고 값을 저장하거나 찾음
정렬	선택 정렬	주어진 리스트에서 가장 작은 값을 찾아서 정렬 순서대로 나열해 정렬을 완성하는 알고리즘으로, 전체 리스트를 반복하여 가장 작은 값을 찾아 정렬 순서대로 나열함
	삽입 정렬	정렬 순서대로 하나씩 값을 선택하여, 이전 값들과 비교하여 삽입해 나가는 알고리즘으로, 각 값을 삽입할 위치를 찾기 위해 이전 값들과 비교함
	버블 정렬	리스트를 두 개의 부분 리스트로 나눈 후, 한 쪽 부분 리스트의 값을 비교하며 스왑(Swap)하면서 정렬해 나가는 알고리즘으로, 인접한 두 값의 크기를 비교하여 값을 교환함
	퀵 정렬	피벗(pivot)을 기준으로 작은 값과 큰 값으로 나누어 분할 정복하는 알고리즘

[표 16] 기본적인 알고리즘 종류

찾았다.
아아, 저 상자들은
예전에 내가 GPU
가져 가라고 넘파이*로
포장한 배치**
데이터?

GPU가
텐서에서 딥러닝을
돌릴 수 있도록 텐서 데이터
구조에 맞춰서 포장해 놨었지,
아마도 GPU가 저걸 가져가기
직전에 사라진 것이
아닐까?

근데 계속
무슨 소리야?

너도
들리지?

* **넘파이(Numpy)** : 파이썬의 고성능 수치계산 라이브러리. 넘파이로 배치 데이터의 전처리를 수행하고 텐서플로에 맞는 데이터 구조를 만들어서 딥러닝 모델에 데이터 학습을 시킬 수 있다.

** **배치(Batch)** : 딥러닝 모델의 학습 과정에서 사용되는 데이터들의 작은 그룹. 딥러닝 모델은 일반적으로 한번에 하나의 데이터 샘플을 처리하는 대신, 여러 데이터 샘플을 한꺼번에 묶어서 처리하는 경우가 많다. 이렇게 묶인 데이터 그룹을 의미한다.

독자분들,
앞 챕터에서
이런 프로그래밍의
기초 내용을 봤지?

- 프론트엔드
- 백엔드
- 라이브러리
- DB
- API
- 데이터 구조
- 알고리즘

그런데 그거 알아?
앞에서는 Web을
대표로 언급했지만
Web 외에도 여러
시스템이 있다고.

대표적으로 모바일, PC 그리고 임베디드 시스템이 있다고!
그리고 지금 나는 그중 모바일에 대해 설명을 해주려고 한다네.

스마트폰, 태블릿PC,
스마트워치, VR/AR 기기 중
자체 OS가 있고 어플의 다운과
설치가 가능한 것이 바로
'모바일 디바이스'야.

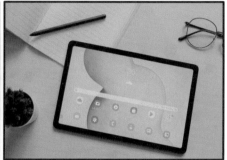

iOS와 Android가 대표 OS 플랫폼인데 독자 개발 언어와 도구가 있기
때문에, 해당 환경을 사용하여 어플리케이션을 개발하지.

이렇게 개발되는 어플을 '네이티브 앱'이라고 불러.
'네이티브 앱'은 각 플랫폼(iOS, 안드로이드)에 최적화된 언어와 환경에서
개발되기에 플랫폼 성능을 최대한 활용할 수 있어.

구분	iOS	Android
언어	Swift, Object-C	Java, Kotlin
개발환경	X-Code	Android Studio

[표 17] 모바일 어플리케이션 개발을 위한 일부 언어 및 프레임워크

하지만 동일한 어플을 안드로이드용, iOS용 각각 개발을
따로 해야만 한다는 시간적, 비용적으로 큰 단점이 있어.

이후 '크로스 플랫폼 프레임워크'가 등장했고 이로 인해
하나의 코드로 iOS와 안드로이드 2개의 플랫폼에 모두
적용할 수 있게 됐지. 이를 '크로스 플랫폼 앱'이라고 한다네.

엄청나게
편리해
졌다니까.

한번에
안드로이드와
iOS용 앱을
다 만들 수
있는 거지.

프레임워크	설명
React Native	Meta에서 개발한 프레임워크로 웹 기술(HTML, CSS, JavaScript)을 사용하여 모바일 어플리케이션을 개발
Flutter	Google에서 개발한 UI 프레임워크로, Dart 언어를 사용하여 iOS 및 Android 어플리케이션을 개발
Xamarin	Microsoft에서 개발한 프레임워크로, C#을 사용하여 iOS, Android, Windows 등 다양한 플랫폼의 어플리케이션을 개발
Cordova	웹 기술(HTML, CSS, JavaScript)을 사용하여 모바일 어플리케이션을 개발
Ionic	웹 기술(HTML, CSS, JavaScript)을 사용하여 모바일 어플리케이션을 개발

[표 18] 크로스 플랫폼 프레임워크

크로스 플랫폼 앱은 개발시간과 비용을 줄일 수 있는 엄청난
장점이 있지만 네이티브 앱 만큼의 플랫폼의 성능을 최대로
끌어 쓸 수는 없어. 그래도 꽤 준수한 성능을 보여주기 때문에
이런 '크로스 플랫폼 어플'들이 많이 나오고 있다네.

Menu Interface

Coffee
- Inheritance Espresso
- Poly Mericano
- Threaded French Press

Cake
- Applet Cake

객체들 모두 내 커피가
입맛에 잘 맞다고 했고
다시 또 오고 싶어서
안달이지.

영수증 후기

무명의 객체 21 : 무슨 커피가 이렇게 쓰냐? 주인 변태 아님?

무명의 객체 47 : 커피 내리는데 진짜 너무 오래 걸려요.

무명의 객체 77 : 내 여기 다시 오면 객체가 아니라 함수다.

그런데 '코틀린'이라는 카페가 생겨서 독점은 끝나게 되었어. 내 커피와 같은 맛을 훨씬 쉽게 만들더라. 그리고 내가 마을 이장이랑 싸우던 중, 마을에선 코틀린에게 인증 표식까지 줬어.*

우리 마을 인증 카페

그렇게 가뜩이나 요즘 싱숭생숭한 와중에 갑자기 한 노인이 들어와서 도발을 하네?

옆에 코틀린 커피집에서는 훨씬 빨리 되던데 여기는 뭐 이렇게 오래 걸려?

이렇게 장사하면 남은 객체들도 다 떠난다?

---

* 오라클(자바를 개발한 선마이크로 시스템을 인수)과 구글은 자바 API 저작권 소송전을 벌였고 구글 이 승리하여 자바 API는 개인/기업 모두 무료로 사용할 수 있는 오픈소스로 인식된다. 구글은 안드로 이드 공식 언어로 자바가 아닌 코틀린을 지정하였다.

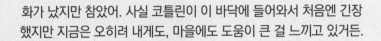

화가 났지만 참았어. 사실 코틀린이 이 바닥에 들어와서 처음엔 긴장했지만 지금은 오히려 내게도, 마을에도 도움이 큰 걸 느끼고 있거든.

코틀린은 저와는 상호 보완 관계죠.

경쟁이 아니라 저도 코틀린에서 자주 커피를 마시기도 한다고요.*

마스크는 왜 쓰고 있는 거야?

저는 전통 있는 객체 지향 언어로서 고객을 지향하기 위해 눈웃음을 보여주고 험한 입모양을 가리고자 마스크를 썼죠.

마스크가 투명이라 다 보이는데?

안 보인다고는 안 했음

너는 전통 있는 언어라는 놈이.

아무튼 가까스로 참고 있었는데 이 노인이 점점 선을 넘는 발언을 하는 것이 아닌가?

---

* 자바의 창시자인 제임스 고슬링은 여러 행사나 인터뷰에서 코틀린을 자주 칭찬하였고 본인도 사용한다고 하였다. 그 예시 중 하나로 2019년 2월에 암스테르담 AWS 에서의 행사에서 언급한 내용을 참고하자(https://youtu.be/XhFugYDH—c / 3분 52초).

프로그래밍

＊   자바스크립트는 1995년 출시가 되었을 때 '라이브스크립트'라는 이름이였지만, 당시 매우 잘 나가던 자
     바의 인기에 편승하고자 '자바스크립트'로 이름을 변경했다. 이름의 유사성 외에 두 언어는 그 어떤 연관
     관계도 없다. 즉, 이름을 따라한 것은 자바스크립트다.

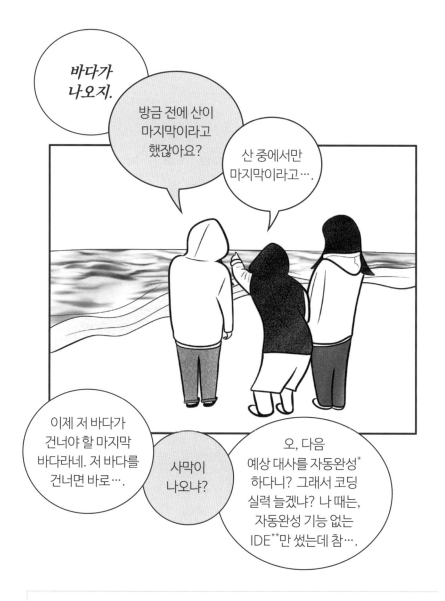

* 자동완성 : 개발자가 코딩을 신속하게 할 수 있도록 돕는 IDE의 고유 또는 확장 기능으로 코딩 문맥을 통해 적용이 필요한 클래스와 메서드, 함수 등을 자동으로 불러와서 개발자가 선택하게 하는 기능이다.

** IDE : 개발자가 코드를 효율적으로 작성하도록 돕는 소프트웨어이다. 코드 작성, 편집, 빌드 테스트, 패키징을 하나의 도구에 통합하여 생산성을 높인다. 위 만화에서는 IDE에서 코드를 작성할 때 도움이 되는 자동완성을 언급하고 있다.

프로그래밍

뻔한 얘기지만, PC(Personal Computer)는 개인용 컴퓨터야.
Desktop과 Laptop이 있고 그 OS로 Windows, Linux, macOS 등이
PC들 안에 필수로 설치가 되어 있어.

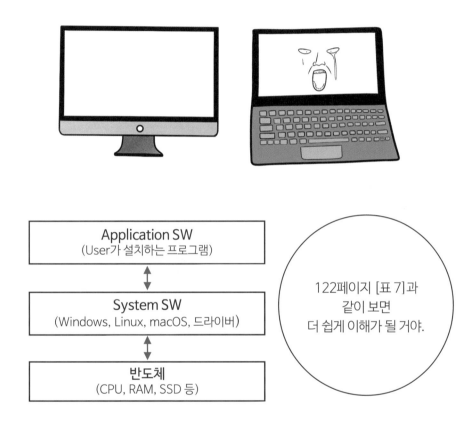

Application SW
(User가 설치하는 프로그램)

↕

System SW
(Windows, Linux, macOS, 드라이버)

↕

반도체
(CPU, RAM, SSD 등)

122페이지 [표 7]과
같이 보면
더 쉽게 이해가 될 거야.

Windows, Linux, macOS와 각종 드라이버 등이 PC의 시스템 SW이고
문서 작성 툴, 영상 편집 툴, 코딩 툴 등이 PC의 어플리케이션 SW이지.

일반 유저들에게 익숙한 PC인 Windows와 macOS만 놓고
보면 어플은 보통 아래의 언어와 프레임워크로 개발이 되지

구분	Windows	macOS
언어	C#, VB, C++	Swift, Objective-C
프레임워크	.NET Framework, UWP	SwiftUI, Cocoa, AppKit

[표 19] PC 어플리케이션 개발을 위한 일부 언어 및 프레임워크

'Windows의 C#'과
'macOS의 Swift'가
주로 양 조직의 대장인데,

모바일과 마찬가지로
같은 어플을 양 플랫폼에서
개발을 하려면 각각 따로,
즉 두 번 개발을 해야 하는
단점이 있지.

여기서 아까 말했듯 '크로스 플랫폼 프레임워크'란 이름으로
이 견고했던 시장에 균열을 만드는 그 놈들이 등장을 하는 거야.

바로 자바스크립트와 그 똘마니 두 놈들이다!!

놈들의 Electron 프레임워크는 웹 개발 언어로 macOS와 Windows에서
모두 돌아가는 어플 개발이 가능한 가공할 무기라고!

나도 .Net이라는 프레임워크를 사용했었는데 은퇴하면서 그걸 C#에게 물려줬어.

그런데 저기 C#이 미처 .Net을 챙기기도 전에 JS가 기습을 한 것 같다. C#도 Swift도 모두 공포에 덜덜 떨고만 있잖아.

오오~ 역시 어르신

---

*   Electron은 웹 기술(JS, CSS, HTML)로 Windows용 PC의 어플리케이션을 개발할 수 있도록 마이크로소프트가 개발한 프레임워크다. C#도 마이크로소프트가 Windows 용 어플리케이션을 개발하기 위해서 개발한 언어다.

*   **VB(Visual Basic)** : VB는 1991년도에 최초 출시(파이썬과 동일)되었지만 현재는 MS에서 더 이상
        기능과 보안 업데이트를 지원하지 않고, C#이 그 자리를 대체하였다. 기존 프로젝트가 VB 기반일 경
        우 여전히 유지보수를 위하여 사용되곤 한다. VB.Net도 있지만 이 책에서는 생략을 했고, 이 책에서
        의 노인 캐릭터는 .Net 프레임워크를 사용하지 않는 초기 버전의 VB이다.

※   Electron은 웹 기술을 사용하여 데스크톱 어플리케이션을 개발하므로, 웹 엔진과 렌더링 프로세스를
        추가로 실행해 리소스를 상대적으로 많이 소모한다.

프로그래밍

프로그래밍

플랫폼 독자 기술에 대한 고집이 대단한 애플에게도 마찬가지다.
경쟁사인 MS가 만든 기술이지만, Electron은 애플과 macOS의 생태계 및
개발자 풀을 한층 더 넓히기 위해 도움이 되기 때문이다.

---

*   Visual Basic은 원래 가비지 컬렉션 기능이 없었기에 C처럼 개발자가 수동으로 메모리를 관리해야
    만 한다. 2002년 VB.Net이 나온 뒤 .Net 프레임워크와 통합되어 가비지 컬렉션 기능을 지원하기 시
    작했다. 이 책에서는 VB.Net이 아닌 초기 VB 언어로 캐릭터화 하여 가비지 컬렉션 기능이 없는 것으
    로 했다.

그것도 우리가 일상에서 스마트폰이나 PC 못지않게
매일 아주 많이 접하고 있는데도 말이죠!

프로그래밍

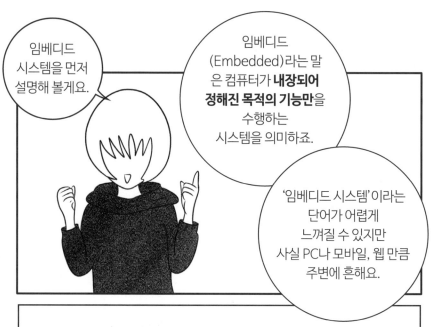

임베디드 시스템을 먼저 설명해 볼게요.

임베디드(Embedded)라는 말은 컴퓨터가 **내장되어 정해진 목적의 기능만을** 수행하는 시스템을 의미하죠.

'임베디드 시스템'이라는 단어가 어렵게 느껴질 수 있지만 사실 PC나 모바일, 웹 만큼 주변에 흔해요.

우선 대부분 가전제품은 내장된 초소형 컴퓨터로 동작하며 정해진 기능만 수행하는 임베디드 시스템이죠.

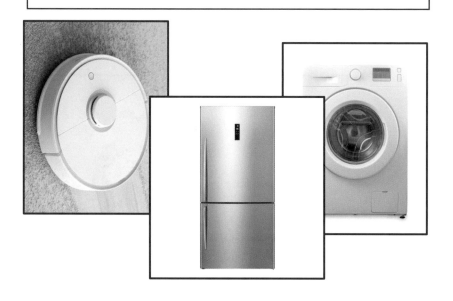

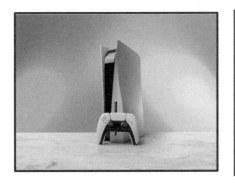

그리고 콘솔게임기, 의료용 MRI나 초음파 진단장비, 공장의 제어시스템도 모두 정해진 기능만을 수행하는 임베디드 시스템이죠.

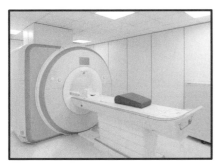

자동문처럼 비교적 간단한 임베디드 시스템부터.

얼마면 돼?

얼마나
훤칠하면
되냐고?

항공기나 자동차같이 복잡한 임베디드 시스템의 집합까지.

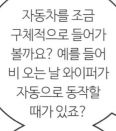

자동차를 조금
구체적으로 들어가
볼까요? 예를 들어
비 오는 날 와이퍼가
자동으로 동작할
때가 있죠?

많이 내리면
더 세게 동작하죠?
이 시스템을 좀 더
디테일하게 살펴보면

센서 – ECU – 모터(액츄에이터)로
시스템이 구성되어 있죠.

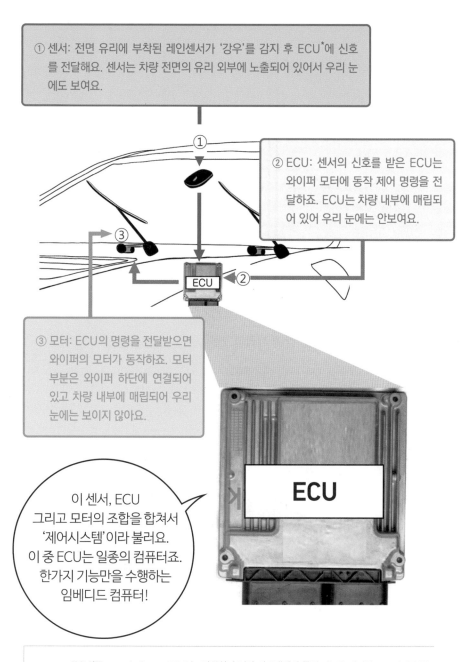

① 센서: 전면 유리에 부착된 레인센서가 '강우'를 감지 후 ECU*에 신호를 전달해요. 센서는 차량 전면의 유리 외부에 노출되어 있어서 우리 눈에도 보여요.

② ECU: 센서의 신호를 받은 ECU는 와이퍼 모터에 동작 제어 명령을 전달하죠. ECU는 차량 내부에 매립되어 있어 우리 눈에는 안보여요.

③ 모터: ECU의 명령을 전달받으면 와이퍼의 모터가 동작하죠. 모터 부분은 와이퍼 하단에 연결되어 있고 차량 내부에 매립되어 우리 눈에는 보이지 않아요.

이 센서, ECU 그리고 모터의 조합을 합쳐서 '제어시스템'이라 불러요. 이 중 ECU는 일종의 컴퓨터죠. 한가지 기능만을 수행하는 임베디드 컴퓨터!

---

*   ECU(Electronic Control Unit) : 자동차나 기타 시스템에서 특정 기능을 제어하고 모니터링하는 전자 제어 장치이자 임베디드 컴퓨터를 말한다.

ECU 내부를 뜯어보면 마치 PC의 메인보드와 같이 생겼어요. 그리고 PC의 CPU와 같은 위용을 뽐내는 칩이 하나 있는데, 이 칩을 MCU* 라고 해요.

CPU처럼 MCU에도 엄청나게 많은 트랜지스터들이 들어가 있어요.

저런 ECU가 자동차 안에 굉장히 많죠. 스위치나 자동으로 작동하는 모든 기능엔

거의 그걸 위한 ECU와 센서, 모터가 있다고 보시면 돼요.

---

*   MCU(Microcontroller Unit) : 임베디드 시스템에 사용되는 주요 반도체로, 주로 제한된 자원과 기능을 갖추어 작고 경제적인 시스템을 구현하는 데 사용된다. RAM 기능도 MCU에 포함되어 있다(매우 적은 용량으로 몇 십 KB 정도).

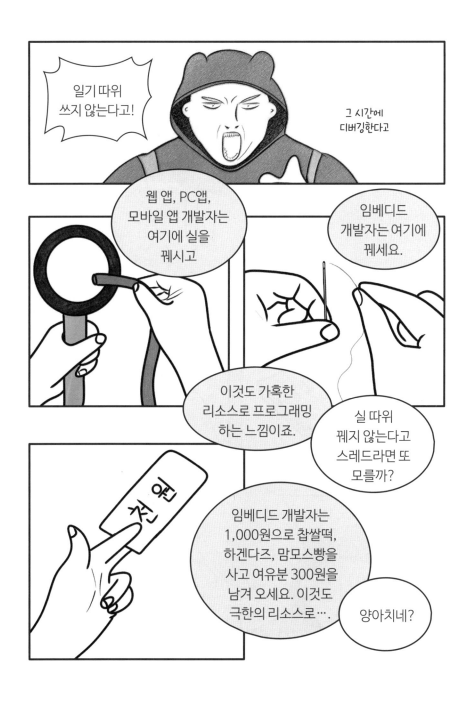

프로그래밍

리소스가 가혹한 이유는 임베디드 시스템은 유저가 버튼을 누르면
즉각 동작을 해야만 하는데, 코드의 양이 길면
실시간 동작이 어려울 수 있기 때문이죠.[*]

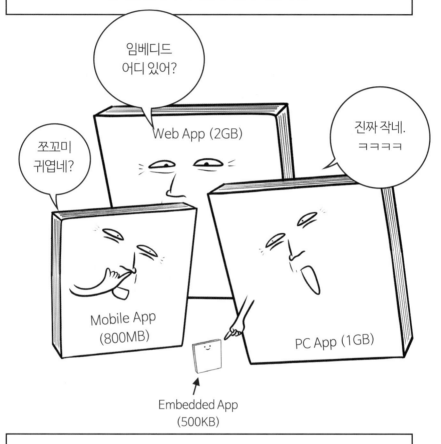

그래서 임베디드 어플의 용량은 보통 적게는 수십 KB에서
많으면 몇 십 MB 정도이고, 이를 위해 C, C++
심지어 어셈블리어 같은 저급 언어가 사용되고 있어요.

---

[*] 코드의 양이 많으면 로딩이나 참조에 시간이 더 걸릴 수 있다. 그 외에도 리소스가 가혹한 이유는 실시
간 동작성 외에도 디바이스당 들어가야 하는 HW의 경제성이나, 소비전력 최소화 그리고 환경적 제
약 등 다른 이유들도 있다.

게임 모바일 앱, PPT 같은 PC 앱, 온라인 쇼핑몰 같은
웹 앱은 가끔 로딩에 몇 초씩 걸리기도 하지만,

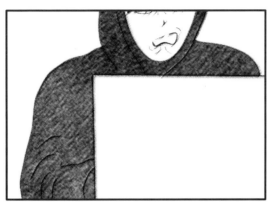

그로 인한 영향은 유저에게 좋지 않은 경험을 주는
정도일 것인 반면 임베디드는 현실 기계를 제어하기에

오류나 딜레이 발생 시 사람에게 해를 가할 수도 있죠.
병원 수술실의 심전도 측정 장치가 환자의 심박 신호를
실시간으로 보여주지 않으면 안되는 것이나

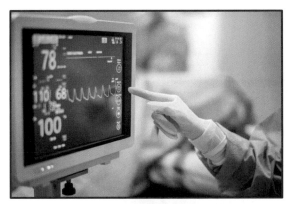

고속도로에서 스마트 크루즈 컨트롤로 운전하는데
앞차와의 간격 조정이 실시간으로 되지 않는다면
자칫 큰 사고로 이어질 수도 있기 때문이죠.

※　임베디드 시스템에서 안전이 중요한 시스템의 경우 반응 속도가 μs(마이크로초) 단위이고, 안전이
아주 중요하지 않은 시스템이라도 ms(밀리초) 단위로 반응하게 된다.

임베디드 시스템은 그 어플의 사이즈는 작지만

그 코드들의 무게감은 더 없이 크다고 할 수 있습니다.

프로그래밍

으… 으아아아

순간 파이썬의 표정이
고통으로 일그러졌다.

으아아아ㅡ

기억을 찾는 것이
쉽지는 않을 것이라
예상했지만 이렇게
고통스러워 할 줄은….

발산되는 그
오렌지색 기운 때문인
것 같아.

왜…. 왜 그래?
파이썬?!
힘들면 그거
내려놔, 어서!

혹시 어둠의
기운인가?

프로그래밍

나는 뭘 하고 있었던 것일까?

웅 웅

텐서가 반응을 하고 있어.

기억이 돌아오고 있다.

너희를 만났던 기억부터

프로그래밍

이 텐서플로….

GPU 전용*인 걸 보면.. 이게 GPU가 갇힌 곳을 여는 열쇠인 것이 분명해.

이제 그럼 GPU를 구하러 가보자!

Tensorflow-GPU

그전에.. AI와 딥러닝에 대해서 설명을 해줘

독자들이 보고 있잖아.

AI(Artificial Intelligence)는 인간의 특성인 지능을 컴퓨터에 구현해서 컴퓨터가 인간처럼 지능적인 작업을 하게 만들 수 있는 컴퓨터 과학의 한 분야야.

---

*   텐서플로는 GPU 버전과 CPU 버전으로 구분된다.

이 서비스들은 모두 '약' 인공지능(Weak AI)이야, 특정 기능에 한해서 인간을 대신해 작업을 수행하는 편리한 서비스지! 반면 '강' 인공지능(Strong AI 또는 Artificial General AI = AGI)은….

인간을 뛰어넘는 지능으로 인간이 할 수 없는 일도 분야를 막론하고 처리하는 AI를 말해! 마치 아이언맨의 자비스(Jarvis)처럼.

그런데 아직 강인공지능은 개발되지 않았어.
인간의 추론, 창의성 같은 복잡한 인지능력의 구현은 너무 어렵고
이를 위한 충분한 데이터와 컴퓨팅 기술이 아직 많이 부족하거든.
그리고 무엇보다 가장 중요한 것은….

인간을 초월하는 지능을 가진 만큼 악용되거나 인간의
통제를 벗어나서 해를 끼치지 않도록 철저히 테스트가 되고
윤리적인 원칙과 개발 가이드라인이 고려될 수 있어야 하지.

이런 AI를 만드는 방법 중 하나가 '머신러닝'이야. 컴퓨터가 수많은
데이터로부터 패턴을 찾아 학습하게 하는 기술이지.
머신러닝은 패러다임 기준으로 지도 학습, 비지도 학습
그리고 강화 학습으로 분류할 수 있는데….

지도 학습은 컴퓨터에게 정답(Label)이 있는 데이터를 제공해서
학습시키는 거야. 따라서 정확하고 신뢰할 수 있는 라벨링이 필요해.

반대로 비지도 학습은 정답 없는 데이터를 주고 컴퓨터가
스스로 데이터들의 패턴을 찾아서 분류하게 하는 거야.

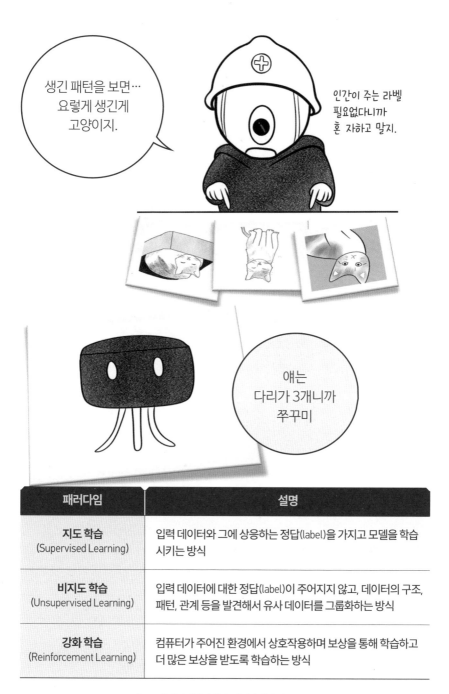

패러다임	설명
지도 학습 (Supervised Learning)	입력 데이터와 그에 상응하는 정답(label)을 가지고 모델을 학습시키는 방식
비지도 학습 (Unsupervised Learning)	입력 데이터에 대한 정답(label)이 주어지지 않고, 데이터의 구조, 패턴, 관계 등을 발견해서 유사 데이터를 그룹화하는 방식
강화 학습 (Reinforcement Learning)	컴퓨터가 주어진 환경에서 상호작용하며 보상을 통해 학습하고 더 많은 보상을 받도록 학습하는 방식

[표 20] 머신러닝의 학습 패러다임에 따른 분류

방법론	설명
신경망 (Neural Networks)	인공 신경망을 기반으로 하는 딥러닝 방법론. 다층 퍼셉트론(MLP), 컨볼루션 신경망(CNN), 순환 신경망(RNN) 등이 포함
결정 트리 (Decision Trees)	의사 결정 규칙을 나무 구조로 표현하여 학습과 예측을 수행하는 방법론
군집화 (Clustering)	비지도 학습 방법으로 데이터를 유사한 특성을 가진 그룹으로 군 집화를 하는 방법론
나이브 베이즈 (Naive Bayes)	베이즈 정리를 기반으로 하며, 변수 간의 독립성 가정을 사용하여 분류를 수행하는 방법론

[표 21] 머신러닝의 학습 방법론에 따른 분류

그리고 위의 신경망 방법론을 활용한
머신러닝이 바로 그 유명한 **'딥러닝'**이야.

인공신경망은 인간의 뇌를 모방한 수많은 인공 뉴런들로 여러 층(Layer)을 구성하고 있어. 각 층의 뉴런들은 이전 층의 출력을 입력으로 받고 특정 계산을 통해 데이터의 패턴을 학습하는 거야.

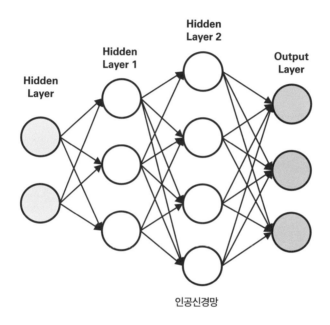

인공신경망

이 중 은닉층(Hidden Layer)이 많을수록 복잡한 특징의 추출 및 분류를 할 수 있거든. 그래서 층이 깊어서 '깊다(Deep)'는 뜻의 'Deep Learning'이 된 거야. 딥러닝은 빠른 속도로 AI를 학습 및 구현시킬 수 있고, 그로 인해 세상을 급격하게 변화시키고 있어.

딥러닝과 인공신경망의 개념은 1940년대부터 제안이
되었지만 머신러닝의 주류로 자리잡은 것은 2010년대 이후야,
왜 2010년 이후 폭발적으로 성능이 발전을 하게 된 걸까?

사건	내용	시기
Deep Blue vs 체스 챔피언	체스 세계 챔피언(Garry Kasparov)을 이긴 딥러닝 기반의 AI Deep Blue가 이긴 사건	1997년 5월
왓슨 vs 퀴즈 챔피언	IBM의 AI인 Watson이 미국 퀴즈쇼 Jeopardy!에서 인간 챔피언들을 꺾고 우승한 사건	2011년 2월
알렉스넷의 이미지넷 우승	토론토대학 제임스 힌튼 교수의 AlexNet이 AI간의 이미지 식별 대회인 이미지넷에서 다른 AI들을 꺾고 우승한 사건. 다른 AI들과 달리 AlexNet은 유일하게 딥러닝을 적용해서 출전하였고, 다른 방법론을 적용한 AI들을 큰 격차로 이긴 사건	2012년 6월
알파고 vs 이세돌	딥러닝과 강화학습을 활용한 바둑 AI AlphaGo의 대결에서 알파고가 이세돌 기사를 꺾고 우승한 사건	2016년 3월
ChatGPT의 등장	기존의 챗봇보다 훨씬 자연스러운 대화는 물론 인간의 작업을 보조할 수 있는 다양한 서비스 제공이 가능한 ChatGPT가 등장한 사건	2022년 11월

[표 22] 일반 대중들까지 열광한 AI 관련 사건과 이슈

그 이유는 2010년도가 되어서야 딥러닝이 성공할 수 밖에 없는 조건이
갖춰졌기 때문이야.

프로그래밍

첫 번째 조건은 데이터야, 딥러닝은 많은 데이터가 필요한데
웹2.0*시대의 수많은 데이터들이 인터넷에 쌓였고, 이게 결국 딥러닝이라는
자동차를 더 멀리 가게 하는 연료가 된 거지.

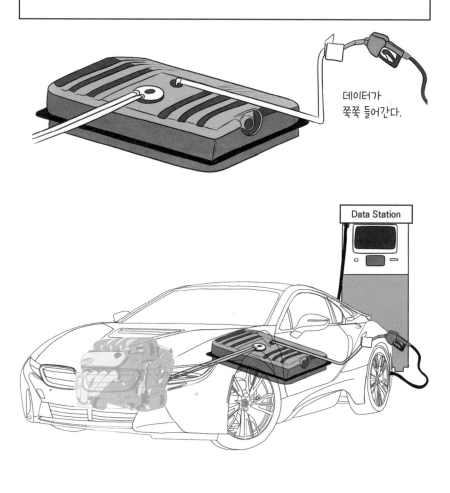

데이터가
쭉쭉 들어간다.

Data Station

---

* 웹2.0은 사용자들이 인터넷에서 콘텐츠를 생성 및 공유하며 사용자 참여와 상호작용을 강조하여 정보의 생산과 공유가 활발히 이루어지는 웹의 발전된 형태. 블로그, 소셜미디어, 온라인 커뮤니티 등이 그 사례다.

두 번째는 컴퓨팅 파워야. CPU와 특히 GPU의 병렬처리 연산 성능이 괴물
같이 향상되었고, 또한 딥러닝 전용의 구글 TPU나 NVIDIA의 딥러닝 최적화
GPU들은 딥러닝을 더 빨리 가게 하는 엔진이 된 거야.

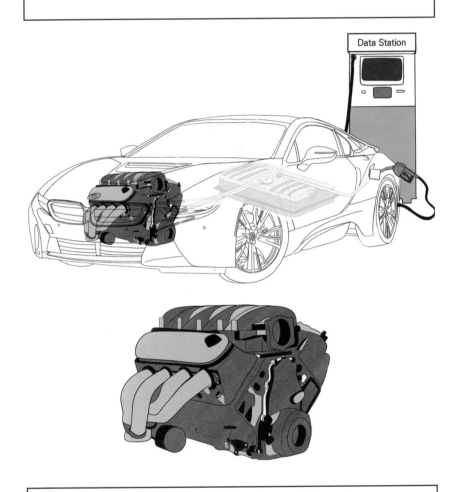

이러한 GPU나 TPU 같은 반도체를 "AI 반도체"라고 하지,
그리고 이 AI 반도체를 이루는 세포가 바로 우리의 작은 괴물!

쭈꾸미, 즉 '트랜지스터'지.

괴물이
뭐라고 말을
하고 있어!

뭐? 무슨
말을 하는데?

그르르ㅡ

"가비지 컬렉터는
자동 메모리 관리기법으로
더 이상 사용되지 않는
동적으로 할당된 데이터를
찾아서 식별하여 해제하는
역할을 한다.
그런 데이터는 메모리
공간만 차지할 수 있기에
가비지(쓰레기)라 부른다."

괴물도 열심히
책 파는데 우리도
열심히 하자.

재 생각보다
좋은 놈인 것 같아.
관상만 보고 내가
편견을 가졌어.

라고
하는데?

그래, 걔 착해.
무시하고 작업해도
된다니까?
걔는 너 안 건드려
걔는 오직…

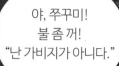

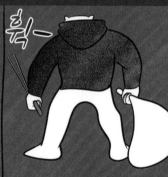

프로그래밍

어? 가비지를 줍고 있어. 의외로 본분에 충실하네?

가비지에 행여 상처라도 날까 봐 집게도 안 쓰고 손으로 조심스럽게 줍는다.

가비지 주머니를 소중히 다룬다. 아기 곰 시절의 그 순수한 눈망울을 갖고 있었어….

그래 걔 착해! 오해가 있다고 한번 말로 잘풀어봐. 걔 폭력 싫어하는 애야.

그래, 내가 먼저 다가가겠어. 가비지를 저렇게 소중히 다루면 가비지로 알고 날 찾아도 오히려 나도 저 주머니 안에서 따뜻한 보살핌을 받으면서….

프로그래밍

GPU가 사라진 지금 배치들은 방치되어 있는데
그 사이즈가 매우 커서 메모리 공간을 많이 차지한다.
'가비지 컬렉터'는 이것들을 치워 메모리 공간을
확보해야 하는데….

야, OS! 버그다!
괴물이 배치들을
치우지 않아서
메모리가 부족
해진 것 같다.
뭔가 이상해.

이런… 그래서
커널 메모리 관리 모듈이
경고를 울린 거였구나…
그리고 RAM도 요새 어딘가
좀 이상했고….

RAM이?
왜?

요새는 아침에
얼굴이 늘 퉁퉁부어
있더라고?

원래 그래!

아무튼 이대로
저 배치들을
계속 방치를
하다가는…

메모리 누수가
터질지도
모른다.

괴물이 또
뭐 말하는 거야?
뭐라고 하고 있어?

야 괴물!
통역하기 귀찮은데
그냥 니가 직접
말해라!

프로그래밍

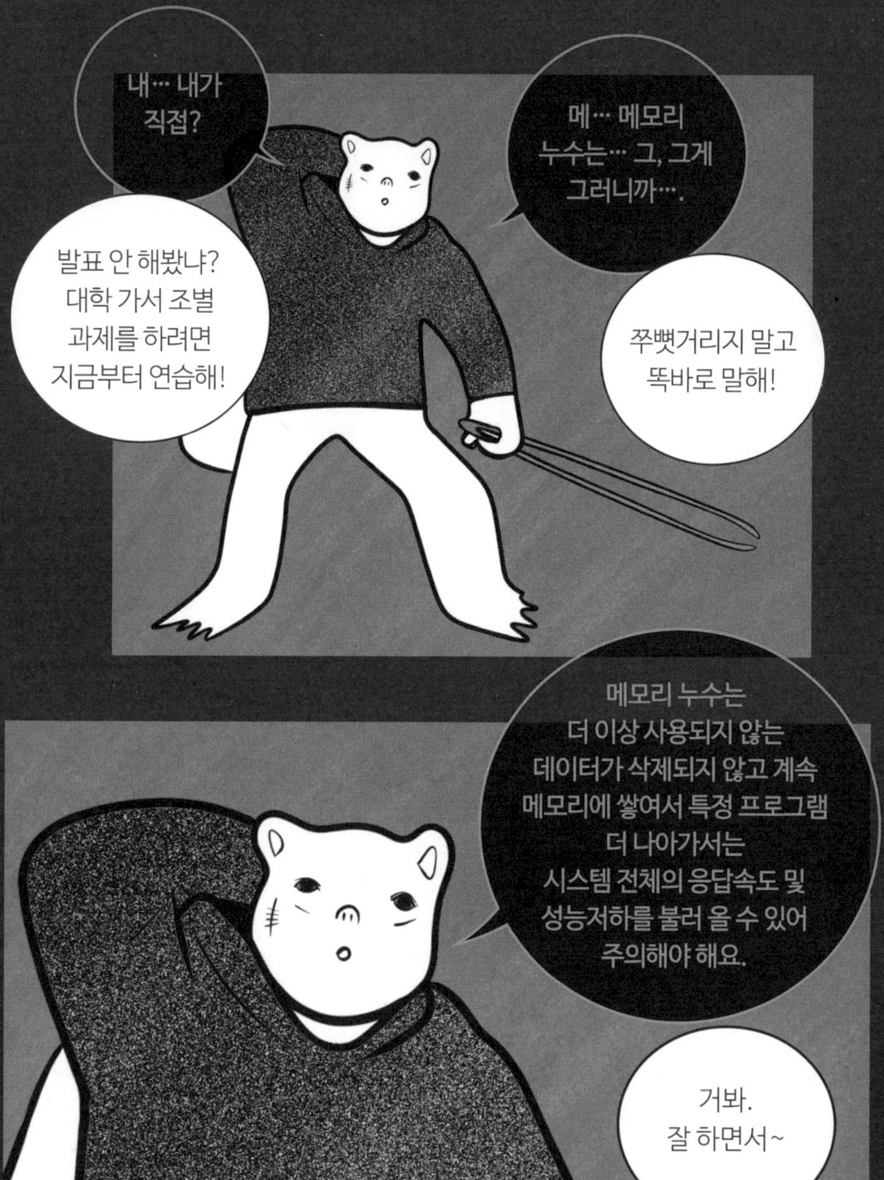
내… 내가
직접?
발표 안 해봤냐?
대학 가서 조별
과제를 하려면
지금부터 연습해!
메… 메모리
누수는… 그, 그게
그러니까….
쭈뼛거리지 말고
똑바로 말해!
메모리 누수는
더 이상 사용되지 않는
데이터가 삭제되지 않고 계속
메모리에 쌓여서 특정 프로그램
더 나아가서는
시스템 전체의 응답속도 및
성능저하를 불러 올 수 있어
주의해야 해요.
거봐.
잘 하면서~

메모리 누수는
사용해야 하는 물의 양이 점점 새어나가는 것처럼
사용해야 하는 메모리가 점점 새어 나가는 것입니다.
정확히는 물이 새는 것처럼 실제 메모리가 사라지는 것이 아니라 삭제되지 않고
쌓이는 데이터 때문에 메모리 공간이 줄어 들죠.

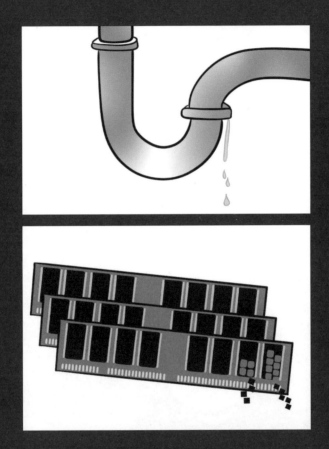

프로그래밍에서 개발자가 고려해야 할 요소로 특히 C 언어의 경우
가비지 컬렉션이 지원되지 않기에 직접 메모리의 포인터 할당 및 해제에 더 신경
을 써야 합니다. 딥러닝의 경우, 사용되는 배치의 사이즈는 굉장히 커서 메모리에
더 이상 사용되지 않는 데이터를 방치하면 더 위험이 클 수 있죠.

※ GPU의 많은 코어와 병렬처리 성능은 딥러닝 모델 학습에 효과적이지만 CPU는 비교적 일반 목적의 연산성능에 최적화되어 있기 때문에 딥러닝 작업을 할 경우 연산을 병렬처리가 아닌 순차적으로 처리하여야 하기에 GPU보다 훨씬 많은 시간이 소요된다.

프로그래밍

WAT is JavaScript

JavaScript가 예상치 못한 동작을 하면 개발자들(주로 해외의 개발자들)은 "What" 대신 "WAT"이라고 표현하는 일종의 밈(Meme)이 있다.

이상한 동작에 항상 거론되는 아주 유명한 코드

빈 배열[ ]과 빈 객체{ } 사이에 연산자 '+'를 넣었을 때 그 결과값이 아래처럼 다 차이가 나는데, 이건 "+" 연산자가 '숫자 간 더하기'의 역할을 하기도 하고, '문자 간 이어붙이기'의 역할을 하기도 하기에 발생하는 현상이다.

```
[] + []    // 결과: ""
[] + {}    // 결과: "[object object]"
{} + []    // 결과: 0
{} + {}    // 결과: "[object object][object object]"
```

0.1 + 0.2는 0.30000000000000004

JS를 비롯해서 대부분의 프로그래밍 언어에서는 0.1과 0.2를 더한 결과를 10진수로 정확하게 표현하는 것이 불가능하다. 그래서 가장 근접값인 0.30000000000000004으로 계산한다. 이것은 부동소수점을 처리하는 방식 때문에 발생하는 문제이다. 프로그래밍 언어들은 IEEE754 표준을 따르는 부동소수점 숫자를 사용하는 데 이 표준은 모든 숫자를 정확하게 표현하지 못하고 미세한 오차를 발생시키기 때문이다.

```
let result = 0.1 + 0.2;
console.log(result); // 0.30000000000000004
```

프레임워크와 라이브러리

→ 본문 232쪽 참조

프레임워크와 라이브러리는 '제어의 주도권'을 기준으로 구분한다. 개발자가 해당 기술을 주도적으로 제어하면 '라이브러리', 반대로 해당 기술이 주도하며 개발자를 따르게 한다면 '프레임워크'다.

활용 영역	이름	종류	기반 언어
프론트엔드	React	라이브러리	JavaScript
	jQuery	라이브러리	JavaScript
	Bootstrap	라이브러리	JavaScript, CSS
	Sass	라이브러리	CSS
	Vue.js	프레임워크	JavaScript
	Angular	프레임워크	TypeScript
백엔드	Django	프레임워크	Python
	Flask	프레임워크	Python
	Ruby on Rails	프레임워크	Ruby
	Spring	프레임워크	Java
	Laravel	프레임워크	PHP
	Symphony	프레임워크	PHP
	Express	프레임워크	JavaScript (Node.js)
	Node.js	런타임	JavaScript
백엔드(DB)	Sequelize	라이브러리	JavaScript
	Mongoose	라이브러리	JavaScript
	SQLAlchemy	라이브러리	Python

[표 23] 웹 개발의 대표적인 라이브러리와 프레임워크 종류

와이파이의 어머니

역사상 많은 멋진 엔지니어들이 있지만 독특한 이력이 더욱 그를 멋지게, 대단해 보이게 만드는 여성 엔지니어가 있었다. 엔지니어라고 하기엔 너무 뛰어난 외모를 보유한 그는 헐리웃 배우인 헤디 라메르(Hedy Lamarr)! 삼손과 데릴라의 여주인공이었다.

먼저 그가 발명한 '주파수 호핑 기술(무선 주파수의 센더/리시버간 암호화 기술)'은 와이파이와 블루투스 그리고 GPS 기술로 발전하게 되었고 지금도 그는 와이파이의 어머니로 불리고 있다.

배우로는 헐리웃 명예의 거리에 헌액! 엔지니어로는 미국 발명가 명예의 전당에 헌액! 엔지니어와 배우로서 최고의 명예를 거머쥔 미국 최초의 인물인 그는 놀랍게도 비전공자로 엔지니어링 분야는 순수 독학이다.

AI의 개념을 정립한 비운의 천재

*"너 내 조교가 되어라, 어차피 영국에 돌아가면 너 기소되서 범죄자로 잡혀
갈 수도 있잖아."* 교수님은 놓치기 싫은 제자에게 이렇게 권하지만, 교수님
의 대학원 조교가 되느니 차라리 감방가는 걸 감수한 최고의 컴퓨터 과학자
이자 AI의 개념을 처음 제안한 앨런 튜링 (Alan Turing).

영국에 돌아온 그는 2차 대전 중인 영국군을 도와 독일군의 암호해독에 공헌

하여 전쟁의 종식을 앞당기고 많은 생명을
구한 것으로 평가되고 있다.

이후 1950년에 그는 AI의 개념을 최초로 제
안하고, '튜링테스트'라 불리는 인공지능
테스트를 소개한다. 많은 업적으로 영국에
서 훈장까지 받지만 튜링은 기소가 되는데
그가 바로 '동성애자'였기 때문이다. 당시

영국은 동성애를 중범죄로 처벌하고 있었기에 튜링은 화학적 거세를 당하고
이후 41세의 나이로 사망하게 된다(자살설 유력).

이후 미국에서는 컴퓨터 과학분야의 가장 권위있는 상인 '튜링상'을 만들어
서 뛰어난 과학자들에게 수여하고 있는데, 이 상을 받은 사람은 그 유명한
'웹'의 아버지 '팀 버너스리'와 '딥러닝'의 대부 '제프리 힌턴'도 있다.

아! 그리고 위에 튜링에게 조교를 제안한 교수는 바로 튜링 만큼 유명한 최고
의 컴퓨터 과학자인 '폰 노이만'이다.

천재는 천재를 알아보는 법.

로켓의 폭발

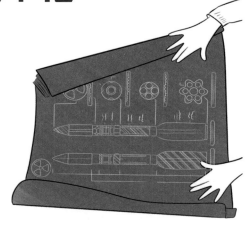

1996년 유럽우주국의 아리안 5호 로켓이 발사 37초 만에 폭발한
사고가 있었고 탑재하고 있던 유럽의 우주 탐험의 꿈이었던 70억
달러가 투입된 로켓과 4기의 위성까지 10년 간의 개발과 노력이
모두 소실되었다. 그 원인은 관성 제어 시스템의 소프트웨어 오류
였는데, 로켓의 수평 속도의 값을 변환하는 과정에서 문제가 발생
한 것이었다.

그런데 조사위원회의 문제 원인을 확인한 결과 이 문제는 프로그
래머들의 안일한 실수와 그로 인한 메모리 관리의 실패로 인한 사
고였다. 프로그래머들이 아리안 4호의 코드를 4호와는 사양이 달
라진 5호에 일부를 사용했는데 이로 인해 저장되는 데이터 값이 지
나치게 커지게 되어서 메모리 오버플로우가 발생하게 되어 그 결
과 로켓의 비행 제어가 실패하게 된 것이다.

이 사건은 프로그램에서 코드의 철저한 분석과 메모리 관리의 중
요성을 알 수 있는 사건이다.

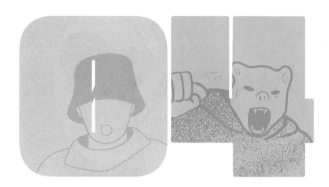

기술의 통합

괴물을 막으려면 괴물의 습성을 먼저 파악해야 한다.

이미지 인식 AI 모델이 설치된 내 폰으로 저 놈이 어떤 동물의
종류인지 확인을 하고 좋아하는 걸 던져서 시간을 벌자.

내 폰에 있는 AI 모델이 어떻게 동물 얼굴을 식별하냐고?
이미지가 들어오면 모델은 이미지를 픽셀 단위로 구분해

<추출값>

그리고 필터로 이미지의 픽셀들을 좌상단에서 우하단까지
순차로 훑으며 특정한 연산을 거친 값을 추출하는데,
이 연산을 컨볼루션(합성곱) 연산이라고 하지.

이 과정을 이미지의 모든 픽셀 영역에서 여러 번
반복을 하면 이미지의 특성맵이 나오게 되고

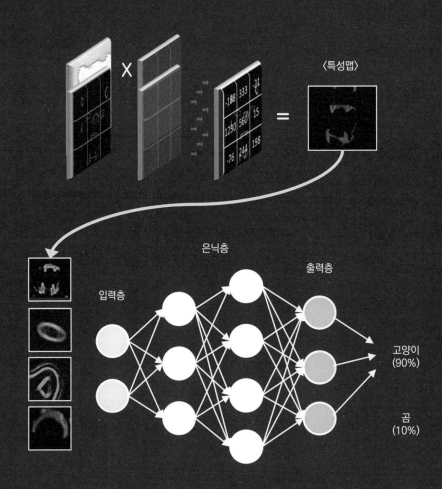

이 특성맵들이 딥러닝 신경망에 입력으로 들어가면 모델은
신경망에서 수많은 동물 데이터로 입력된 특징과 패턴이
어떤 동물과 유사한지 식별한 결과값이 나오는 것이지.

딥러닝은 대량의 데이터로 패턴과 특징을 자동으로 학습하는 것이기에
데이터의 신뢰성이 생명이다! 신뢰성 있는 데이터를 통해
학습된 모델로 산업을 발전시킬 수 있는 거지.

이러한 이미지 식별 모델과 같은 딥러닝 기술은
사물이나 안면인식이나 사진 분석 시스템 등에 쓰이는데

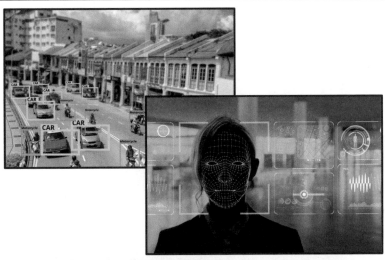

가장 영향을 많이 미치는 분야 중 하나가 자동차 산업이야.

기술의 통합

기존에는 레이더(Radar)나 라이다(Lidar) 같은 ADAS* 센서를 통해
운전을 편하고 안전하게 할 수 있도록 도와줬지만 한계가 있었어.

그래서 딥러닝 기반의 비전 센서(카메라)로 레이더,
라이다의 단점을 커버하고 상호 보완하여 운용되고 있어.

---

*　　ADAS(Advanced Driver Assistance Systems) : 운전자의 주행을 보조하는 차량 ECU 이며,
　　레이더와 라이다는 ADAS 시스템의 센서로 사용된다. 차량 주변 환경을 감지하고 차량주행을 제어
　　한다.

기존 ADAS의 레이더나 라이다는 자동차내 **임베디드 시스템**으로
AI 기술이 아닌 신호처리 알고리즘을 사용하여 센서에서 수집된
데이터를 바탕으로 수학적 계산을 통해 구현한 기술이야.

항목	레이더(Radar)	라이다(Lidar)	비전(Vision)
설명	대상의 거리와 속도 측정	대상의 형상 및 거리 측정	대상의 이미지 인식 및 분류
원리	**전파**를 사용하여 대상까지의 거리와 상대 속도를 측정	레이저(빛)를 사용하여 반사 시간을 측정	카메라로 이미지를 보고 딥러닝 기반 AI 모델로 인식, 분류
장점	· 날씨와 빛 상태에 영향을 받지 않음 · 근거리 및 원거리에서 안정적인 센싱 가능	· 고해상도 3D 지도 생성 가능 · 정밀한 대상 인식	· 색상, 텍스처 정보 사용 가능 · 다양한 객체 인식 가능 · 가격이 저렴
단점	· 질량이나 부피가 없는 대상 인식 어려움 · 측정각에 제한 있음	· 비싼 가격 · 빛의 세기에 따른 성능 저하 · 극한의 날씨 상황에서 성능 저하	· 날씨 및 빛의 변화로 인한 성능 저하 · 해상도 및 시야각에 따른 인식 범위 제한
자동차 활용예	· 전방 추돌 경고 · 스마트 크루즈 컨트롤 · 긴급 제동	· 전방 추돌 경고 · 사각지대 경고 · 자동 주차 지원	· 전방 추돌 경고 · 차선 이탈 방지 · 사각지대 경고 · 교통 표지판 인식

[표 24] Radar, Lidar and Vision

그런데 딥러닝 기반의 AI 기술이 발전하면서 자동차에 같이 사용이 되며
비전 센서 외 다른 센서에서 수집된 데이터도 처리해서
대상 형태, 주변 환경을 추출하며 자율주행의 수준을 높여가고 있어.

기술의 통합

> **'일상과 기술의 통합'**에 가장 어울리는 분야가 자동차야. 그 이유는 첫째로 PC, 스마트폰 등은 일부 IT 기술이 사용됐지만 자동차에는 많은 종류의 IT 기술이 통합되어 SDV*로 그리고 완전 자율주행차로 나아가고 있거든.

기술분야	내용
임베디드	ECU를 통한 차량 제어(바디, 샤시, 모터 등)
모바일	내비게이션, 원격세어 및 관리, 긴급 구난
웹	자동차 회사 백엔드 서버와의 통신 및 무선 업데이트
게임	운행 종료 / 주차 후, 차량 내 게이밍 공간으로의 전환
클라우드	클라우드 서버를 통한 차량 SW 데이터 분석과 관리
사이버 보안	악의적인 차량 해킹 방지 및 운전자의 정보자산 보호
기능안전	차량 기능의 안전한 동작을 보장하여 사고를 예방하고 운전자와 승객을 안전하게 보호
LTE / 5G	차량이 도로 인프라 및 다른 차량과의 통신
AI	운전자 주행 보조 기능(ADAS), 자율주행
개발 방법론	애자일, 데브옵스, 지속적 통합과 배포

[표 25] 자동차에 사용되는 여러 IT 기술들

* SDV(SW Defined Vehicle) : 자동차의 기능 구현이 HW나 기계가 아닌 SW에 의한 자동차. SW 업데이트가 필수이며, 자율주행으로 가기 위한 기본적인 차량의 아키텍처

자동차가 아니라 다른 분야, 이를 테면
로봇, 우주항공, 의료, 운송, 국방시스템 등도 수많은 분야의 IT기술이 통합돼.
그렇지만 이런 분야들에서 발생하는 혁신은
그 분야의 과학자, 개발자, 관계자의 일상에만 큰 영향을 미칠 거야.

하지만 자동차는 모두의 일상이야.
2007년 **'아이폰의 등장'**, 2022년의 **'ChatGPT의 등장'**보다 더 대단하고
중요한 IT 혁신은 많이 있었어. 그런데도 **'스마트폰'**과 **'생성형 AI'**가
훨씬 이슈가 된 이유는 우리 삶에 스며들었기 때문이야.
이게 **'일상과 기술의 통합'**에 자동차가 들어맞는 두 번째 이유야.

기술의 통합

일상에서 우린 많은 IT 기술을 무심코 보고, 써오고 있었는데
이제는 조금은 이 책에서 언급한 것들을 빗대어 보면 어떨까?

커피 한잔
하러 갑시다

엘리베이터
데이터 구조는
큐가 일반적이겠죠?
알고리즘은 FIFO
원리일 거고.

모르겠고
알고리즘 누가
짰는지 똥망인건
알겠네요. 왜
이렇게 안 와?

선배, 자바랑
자바스크립트랑
이름만 비슷하지
아무 관계 없대요.

알아요, 자바가
자바스크립트 이름
따라했잖아요.

잘 몰라서 귀만 스치던 외국어가 조금씩
들리고 따라 말하는 것과 비슷하지 않을까?

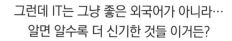

그런데 IT는 그냥 좋은 외국어가 아니라…
알면 알수록 더 신기한 것들 이거든?

기술의 통합

두족류.. 아니

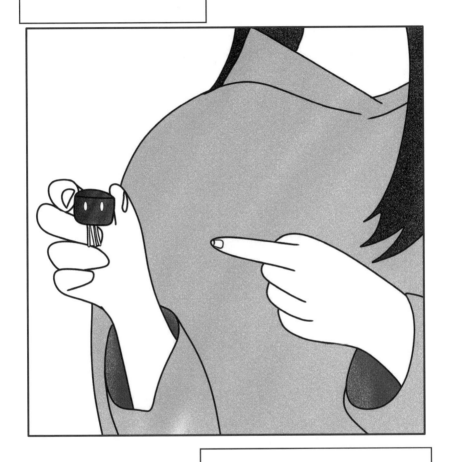

트랜지스터까지

기술의 통합

기술의 통합

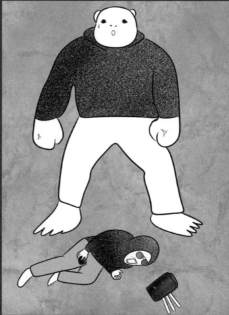

기술의 통합

기술의 통합

1. 배치 데이터 준비

파이썬은 딥러닝을 위한 배치 데이터 및 GPU용 텐서플로의 다운로드를 준비하고 있었는데

2. GPU 비활성화

알 수 없는 이유로 GPU가 비활성화되며 GPU는 SSD의 한 구석에 감금되어 버린다.

3. 파이썬의 기억

그 여파로 파이썬은 기억을 잃게 되고, OS와 파이썬은 기억을 찾기 위해 헤매다 텐서플로를 구해 파이썬의 기억을 되찾는다.

4. 메모리 사용량 증가

원래 배치들은 GPU 가방(메모리)으로 이동, 텐서를 통해 딥러닝 모델 학습에 쓰여야 하는데 그냥 방치만 된 채 메모리만 차지하고

5. GPU를 구하다

OS와 파이썬은 GPU도 구해서 다시 배치들을 GPU 가방에 옮긴 뒤 RAM에서 삭제하려고 하지만, 아직 그 사실을 몰랐던 CPU는

6. GC의 폭주

메모리 누수를 막고자 배치들을 삭제하려는데 영문을 알 수 없는 에러로 흉폭해진 GC의 공격에 작업을 못하고 피하던 중…

기술의 통합

*   **객체지향 프로그래밍** : 일상의 대상과 그 기능을 묘사하여 코드를 짜는 프로그래밍 방식

※   **C++의 스마트 포인터** : 자동 메모리 관리로 메모리 누수를 방지하는 C++ 라이브러리 클래스

기술의 통합

Memory Management

메모리 사용량이
98%가 초과
되었습니다

이제 정말
얼마 안 남았어

어서
움직여야 해!

CPU와 GPU는
배치들을
GPU의 가방에 옮겨

가방이
너무 작은데
어떻게 옮겨?

prefetch(tf.data.experimental.AUTOTUNE)

* GPU는 데이터를 빠르게 사용하고 병렬처리 능력을 활용한 학습을 위해 자체 메모리가 있다. 딥러닝 과정에서 배치 데이터는 RAM에서 GPU의 메모리로 복사되어 빠른 학습이 가능하다.

** 전처리 : 데이터를 효율적으로 로드하고 학습에 적합한 형태로 변환하는 과정을 말한다. 이는 주어진 데이터를 텐서 형태로 변환하거나, 데이터를 섞거나, 반복하여 사용하거나, 배치로 나누는 등의 작업 을 포함한다.

저렇게 착한데 무슨 마크를 해

??

크아아아

왜 급발진 하는 거냐고!!

기술의 통합

〈챕터 3_35페이지〉

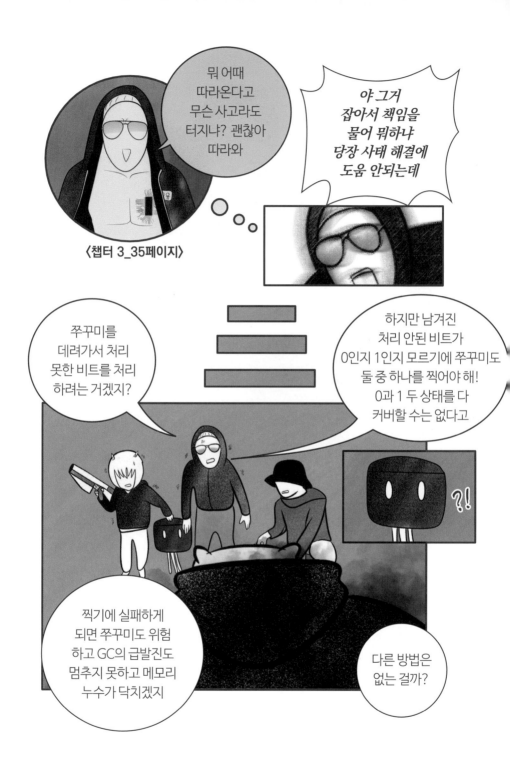

기술의 통합

그냥 지나가는 내용인 줄 알았는데 이게 다 복선이라니! 저 키링, 쓸모 없는 줄 알았는데 역시 모든 물건은 다 쓸모가 있다니까….

전혀 쓸모 없잖아!!

기술의 통합

기술의 통합

배치들이 모두 삭제되어
메모리는 안정화되었고
누수는 발생하지 않았다.

Memory Management
메모리 사용량
40%

RAM의 가방은 가벼워졌고

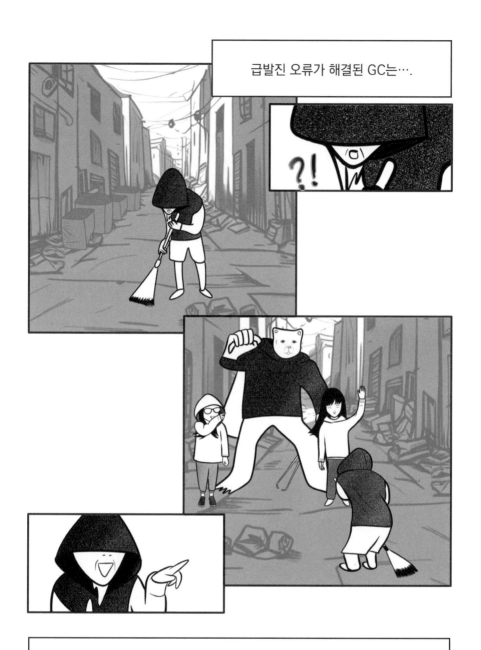

급발진 오류가 해결된 GC는….

?!

OS, 파이썬과 함께 VB의 청소를 돕게 되었다.

그런데

기술의 통합

ON? 아니면 OFF?

혹시 두 가지 상태 모두?

내가 그때 본 것이 맞다면

훗날 진짜 괴물로 다시 만날 수 있지 않을까?

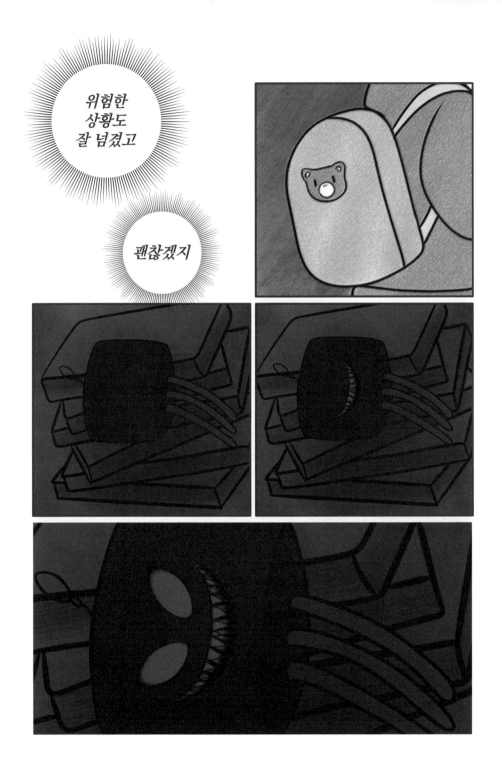

에필로그

에필로그

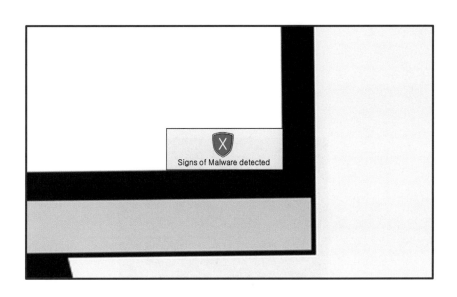

※   Malware : 악성코드